REINHOLD GÄRTNER • POLITIK DER FEINDBILDER

REINHOLD GÄRTNER

POLITIK DER FEINDBILDER

Rechtspopulismus im Vormarsch

K&S

www.kremayr-scheriau.at

ISBN 978-3-218-00798-6

Schutzumschlaggestaltung: Kurt Hamtil
unter Verwendung einer Grafik von Andrea Riva/Fotolia.com
Typografische Gestaltung: Kurt Hamtil
Druck und Bindung: Druckerei Theiss GmbH, St. Stefan i. Lavanttal

INHALT

EINLEITUNG

Wer im August 2008 in Österreich unterwegs ist, kann den Plakaten der politischen Parteien und den darauf zu lesenden Slogans nicht entkommen.

„Es reicht – ohne Deutschkurs keine Zuwanderung“ für die ÖVP, „Asylbetrug heißt Heimatflug“ oder „Sie sind gegen IHN, weil ER für EUCH ist“ für die FPÖ, „genug gestritten“ hat die SPÖ und was alles „nicht mit mir“ geht, betont Alexander van der Bellen von den Grünen. Das BZÖ hat im August in weiten Teilen des Landes nur Plakatständer mit den Plakaten von 2006 – ab September heißt es dann unter anderem „Österreich den Österreichern“.

Wenige Wochen zuvor schreiben Bundeskanzler Gusenbauer und Bundesminister Faymann einen Brief an Hans Dichand und die *Kronen Zeitung*, der wohl nur als Anbiederung gemeint sein kann, und fordern darin in Zukunft mehr direktdemokratische Entscheidungen in EU-Fragen. Dass vor der Ratifizierung des Reformvertrags von Lissabon durch das österreichische Parlament (April 2008) in derselben *Kronen Zeitung* eine intensive Kampagne für eine Volksabstimmung über diesen Vertrag geführt wurde, wird wohl Zufall sein. Jedenfalls übertraf sich nachher die *Kronen Zeitung* in Huldigungen für Faymann – nicht nur in mehr oder weniger poetischen Kunstwerken des hauseigenen Dichters.

Das alles hat mit Rechtspopulismus viel zu tun.

Zur selben Zeit wird in einem UN-Rassismusbericht wieder einmal die Lage in Österreich kritisiert, in diesem Fall speziell die mangelnden zweisprachigen Ortstafeln in Kärnten. Anders sah das Jörg Haider[1]: „Die haben weder eine Zuständigkeit in dieser Sache, noch haben sie sich in Kärnten kundig gemacht. Politische Gschaftlhuber aus der UNO brauche ich nicht, die können sagen, was sie wollen … Wir haben hier in Kärnten alle rechtlichen Forderungen bezüglich Ortstafeln erfüllt." Für Andreas Mölzer ist der UNO-Bericht tendenziös, die Kärntner Slowenen zählen ihm zufolge „zu den bestgeschützten Minderheiten"[2]. Die anderen politischen Parteien reagieren halblaut – man kann nie wissen in Wahlkampfzeiten und abschrecken möchte man WählerInnen auch nicht.

Petra Stuiber in einem Kommentar im *Standard* am nächsten Tag: „Die UNO darf sich bestätigt fühlen: Das eigentliche Problem in Österreich ist, dass Rassismus fest im Alltag verwurzelt ist".

Im Herbst 2007 meint Erwin Pröll in einem ORF-Interview „Minarette sind etwas Artfremdes. Und Artfremdes tut auf Dauer in einer Kultur nicht gut."[3] Ein halbes Jahr später – im März 2008 – stehen Landtagswahlen in Niederösterreich an.

Der Feldkircher Bischof Elmar Fischer betrachtet Moscheen mit Minaretten als Provokation, diese entsprächen „nicht der Denkweise des überwiegenden Teils der Vorarlberger Bevölkerung"[4].

In Tirol wird 2008 Erwin Zangerl Nachfolger von Fritz Dinkhauser als Präsident der Arbeiterkammer. Er ist „kein Freund von Minaretten. Es steckt eine Philosophie dahinter, religiöse Symbole zu fordern. Demnächst werden Budhisten (sic, R.G.) noch eine heilige Kuh auf der B171 verlangen. Toleranz ist in Ordnung, aber nur, wenn die andere Seite diese nicht ausnutzt", meint er in einem Interview mit der *Tiroler Tageszeitung* (17.8.2008). Er erwarte sich auch deutlichere Worte der Katholischen Kirche, sagte er im selben Interview: „Ich habe das Gefühl, dass einige Gottesmänner vor lauter Die-zweite-Wange-Hinhalten schon eine Gehirnerschütterung haben, etwa beim Thema Ausländer. Wer bei uns lebt, muss unsere Spielregeln akzeptieren und daher Deutsch können."

Marcus Omofumas Tod war 1999, jener von Cheibani Wague 2003.

Im April 2009 wird ein Amnesty-International-Bericht über Österreich präsentiert. Titel: „Österreich: Opfer oder Verdächtige. Eine Frage der Hautfarbe".[5] Darin werden mehrere Fälle aufgelistet; dass aber nicht nur die Hautfarbe Anlass für Diskriminierungen seitens der Polizei sein kann, zeigt der im Bericht zitierte Fall eines Polen in Wien, der einen Streit zwischen Landsleuten (erfolglos) schlichten möchte und dann mit der Polizei in Kontakt gerät. Einige Zitate aus der Kontroverse: „Du depperter Pollack, pass auf, was du sagst ... Depperter Pollack, schleich di zu deinen Haberern. ... Du klanes Oaschloch. Waßt, was d' grad tan hast? Widerstand gegen die Staatsgewalt ... Du gehst in Häfen." Und es geht im Bericht noch wesentlich deftiger und heftiger weiter.

Es gibt also viele Gründe, sich über diese Themen Gedanken zu machen.

Herzlich bedanken möchte ich mich an dieser Stelle bei Anton Pelinka und Günther Pallaver für die kritische Lektüre des Manuskripts und das konstruktive Feedback.

RECHTSPOPULISMUS

„Ich glaube, dass es Populisten dringend braucht, um die politische Wahrheit und die politische Realität ans Licht zu bringen. Es ist eine Frage des Bürgermutes und der Zivilcourage.“
Fritz Dinkauser, *Der Standard* Wahl-Chat, 15.9.2008

Populismus bedeutet, den Eindruck zu erwecken, man wisse nicht nur, was für alle das Beste sei, sondern man könne dies auch umsetzen. Rechtspopulismus bedeutet, dabei eindeutige Positionierungen vorzunehmen, Ängste zu schüren, andere – wie (soziale) Randgruppen, AusländerInnen, „die da oben“ – für Missstände verantwortlich zu machen, Sündenböcke zu konstruieren und Gruppen von Menschen hierarchisch zu werten. Dabei bleibt – nicht zufällig – die eigene Gruppe immer höherwertig (die anderen, vorzugsweise nicht ganz so Weiße bzw. tatsächlich Schwarze, sind auf den niedrigeren Stufen zu finden). Abgelehnt wird auch die soziale Gleichheit jedes Einzelnen. Mehrere Punkte sind dabei von Interesse.

HOMOGENITÄT DER INTERESSEN

Jede demokratische Gesellschaft ist heterogen. Es bestehen unterschiedliche Zielsetzungen, unterschiedliche Interessen, unterschiedliche Ideologien und Positionen. PopulistInnen verschleiern diese Heterogenität, indem sie Interessenhomogenität postulieren: Die oft gehörte Leerformel, dass die Österreicher und Österreicherinnen dies oder jenes wollen oder nicht wollen, ist ein Beispiel dafür. Bei Fernsehdiskussionen von PolitikerInnen sind es dann meist die ZuseherInnen, denen unterstellt wird, dass sie die Aussagen der KontrahentInnen nicht, die eigenen sehr wohl sehen möchten. Es wird damit der Eindruck erweckt, dass sämtliche ÖsterreicherInnen der jeweils eigenen Meinung seien, dass niemand die Ansicht der KontrahentInnen vertrete. Als ob alle ÖsterreicherInnen eine einheitliche Meinung hätten.

Ein anderes Beispiel ist der FPÖ-Slogan „Sie sind gegen IHN, weil ER für EUCH ist". Den LeserInnen dieses Spruches soll suggeriert werden, dass es, erstens, eine homogene Gruppe der „Anderen" gibt (die politische Elite, die abgehobene Kaste von PolitikerInnen, der man selbst – in diesem Fall Strache – nicht zuzuzählen ist) und dass diese Gruppe, zweitens, in ihrer Gesamtheit gegen jenen sei, der vorgibt, allein die Interessen der scheinbar Benachteiligten, der Wir-Gruppe, wahrzunehmen: Sie gegen IHN und ER für EUCH. Dabei ist egal, dass diese Parole schon Mitte der 1990er Jahre von der FPÖ unter Jörg Haider verwendet worden war. Die Variante WIR für EUCH folgte wenige Tage später.

Interessenhomogenität gibt es nur in Diktaturen und selbst dort nur an der Oberfläche. Dort wird verboten, vom Mainstream abweichende Meinungen oder Interessen zu vertreten, es gibt Unterdrückung und keine legale Opposition.

Es gibt für PopulistInnen nur Entweder–Oder. Es gibt keine Zwischenstufen, keine Grauzonen, nur schwarz oder weiß, nur für oder gegen. „Pummerin statt Muezzin" (die Tiroler Landtagswahlvariante im Juni 2008 hieß holprig „Glockenklang statt Muezzingesang"), „Daham statt Islam", „Volksvertreter statt EU-Verräter" (wer verrät hier eigentlich die EU?) und Ähnliches mehr. Es gibt kein Miteinander (Pummerin *und* Muezzin; Daham *und* Islam), es geht um Österreich, um die Österreicher. Unterstellt wird, dass jene, die für die anderen eintreten, gegen österreichische Interessen seien. Sich in Österreich für die Einhaltung der Menschenrechte einzusetzen genügt übrigens, um als links, Linkslinker oder abwertend als Gutmensch bezeichnet zu werden.

Wer vertritt eigentlich die Interessen Österreichs? Als vor langer Zeit – es war die erste Phase der Landeshauptmannschaft Haiders in Kärnten (1989–1991) – Kärntner Slowenen, die während der NS-Zeit als Partisanen gegen die Nazis gekämpft hatten, für die Befreiung Österreichs ausgezeichnet werden sollten, weigerte sich der Landeshauptmann, diese Auszeichnung zu überreichen. Die Begründung: Partisanen hätten nicht für Österreich gekämpft.

AUFBAU VON FEINDBILDERN

Rechtspopulismus ist insofern keine konsistente Ideologie, als die Feindbilder und Sündenböcke – „die anderen" – beliebig austauschbar sind.

Deutlich wird dies beim Islam. Der Islam war in den Jahren vor 9/11 kaum Thema politischer Agitation. Nach 9/11 änderte sich das dramatisch. So wurde – etwa bei den unmittelbar darauf folgenden Wahlen in Dänemark und in den Niederlanden – der Antiislamismus zum bestimmenden Thema. Das blieb: Im Mai 2008 erscheint ein Plakat der Dänischen Volkspartei mit einer verschleierten Richterin in Burka, den bekannten Hammer der Justiz in der Hand. Der Text dazu: „Gebt uns Dänemark zurück." Nach Meinung der Dänischen Volkspartei hätten andere – wie die abgebildete Richterin – bereits das Land übernommen. Postwendend reagierten allerdings 26 Prominente aus Dänemark in einem in der Zeitung Politiken veröffentlichten Brief mit folgenden Worten: „Die dänische Gesellschaft hat eine derartige Hetze seit den 30er Jahren nicht erlebt, und schon gar nicht von einer großen, einflussreichen politischen Partei."[6]

Und in Österreich? Hier ist für 15.4.2009 eine Buchpräsentation des FPÖ-Klubs im Parlament angesetzt, unter den Rednern ist Walter Marinovic. Sein Thema: „Arminius befreite 09 Germanien von den Römern – wovon befreien wir uns 2000 Jahre danach?" Marinovic war u.a. Chefredakteur von Professor, der Zeitschrift des Verbandes der Professoren Österreichs. Marinovic darin 1991 über Rudolf Scholten: „35 Jahre, großbürgerliche Familie, die, wie man hört, früher Pfefferkorn hieß." In dieser Zeitschrift erschien später auch eine Karikatur Scholtens im Stürmer-Stil, dafür gab es eine Verurteilung durch den österreichischen Presserat.

Im Parlament jammert Marinovic darüber, dass es seit 1945 „eine schleichende Umerziehung" gegeben habe – eine Logik, die in rechtsextremen Kreisen durchaus üblich ist und vertreten wird.[7] Dass es weniger um Arminius und altgermanische Träume ging, sondern darum auszutesten, wie weit man gehen könne, bevor SPÖ bzw. ÖVP reagieren, liegt auf er Hand. Die FPÖ werde sich auch in Zukunft nicht vorschreiben lassen, wen sie einladen dürfe und wen nicht – schon gar nicht durch eine „inakzeptable Diffamierungskampagne" gegen den pensionierten Lehrer Marinovic, so Strache.[8]

In den Niederlanden war es 2002 der Newcomer Pim Fortuyn, der massiv gegen den Islam hetzte (unter anderem sei der Islam nicht kompatibel mit den Menschenrechten). Fortuyn wurde kurz vor den Wahlen von einem Ökofanatiker ermordet, seine Liste schnitt dennoch erfolgreich ab und wurde Teil der Koalitionsregierung, die aber nach wenigen Monaten wieder zerbrach.

Beispiel Antisemitismus: Es gibt die alten Antisemiten immer noch. Jene, die Juden und Jüdinnen nicht die Hand schütteln möchten, oder jene, die sie – wie 1945 Leopold Kunschak – nicht in Österreich haben möchten. Es gibt aber auch die neuen Antisemiten, die ihren Antisemitismus bei Gelegenheit auspacken und zur Schau stellen.

„Ich verstehe überhaupt nicht, wie einer, der Ariel heißt, so viel Dreck am Stecken haben kann", betonte Jörg Haider am Aschermittwoch des Jahres 2001 in Ried im Innkreis. Gemeint war Ariel Muzicant, Präsident der Israelitischen Kultusgemeinde Österreichs. Wenige Tage später feierte Petra Mayer ihr zehnjähriges Dienstjubiläum als Klubdirektorin des FPÖ-Landtagsklubs Vorarlberg. Zu diesem Anlass überreichten ihr die FPÖ-Mandatare ein Geschenk für die neue Wohnung: eine Waschmaschine. Und weil man für eine Waschmaschine auch Waschpulver braucht, bekam sie – richtig – eine Packung Ariel. Gelächter im Vorarlberger Landhaus (wo die Feier – mit Vertretern anderer Parteien – stattfand) und ein Ariel-Foto in der Lokalpresse mit dem Bildtext, dies sei der von den FP-Mandataren mitgelieferte richtige Dreck-Killer.[9]

FOKUSSIERUNG AUF DAS THEMA „AUSLÄNDER"

Das zentrale Thema ist das so genannte „immigration issue", das „Ausländerthema" (oder besser „Antiausländerthema"). Als das BZÖ bei der Nationalratswahl 2006 antrat, war eine der Forderungen des damaligen Spitzenkandidaten – dessen Nachwahlparty am 1. Oktober 2006 noch für einige Nachwehen und Gerichtsverhandlungen sorgen sollte – jene nach der Abschiebung von 300.000 AusländerInnen. Gesetzt den Fall, diese absurde Forderung wäre in die Tat umgesetzt worden, so hätte das bedeutet, dass an 300 aufeinander folgenden Tagen jeweils 1000 Personen abgeschoben worden wären – pro Tag 20 Reisebusse (oder, je nach Kapazität, einige Flugzeuge). Es war auch besagter Spitzenkandidat Westenthaler, der die ironische Forderung „Halbmond statt Gipfelkreuz" nicht nur ernst nahm, sondern in der TV-Konfrontation mit Alfred Gusenbauer 2006 zur Sprache brachte.

Interessant ist in diesem Zusammenhang die Gleichsetzung von AusländerInnen = TürkInnen = Moslems. Es gibt in dieser Logik keine nichttürkischen Muslime und keine türkischen Nicht-Muslime. Und diese Muslime werden mit Islamismus und Fundamentalismus assoziiert. Kein Platz bleibt für liberale Gruppen wie etwa Aleviten, ebenso wenig Platz für Angehörige anderer Religionsgemeinschaften. Die Oberflächlichkeit ist wichtig, nicht wichtig ist die Unterscheidbarkeit, die Heterogenität. Es muss auch hier der Eindruck erweckt werden, dass ohnehin klar sei, was gemeint ist, es müssen die sprachlichen Codes bei den ZuhörerInnen die gewünschten Reaktionen hervorrufen. Wie bei dem Begriff „Ostküste“: Wenn im rechten/rechtsextremen Umfeld die Rede von den finanzkräftigen Kreisen der US-amerikanischen Ostküste ist, so wissen Eingeweihte, dass damit die Juden gemeint sind, die angeblich die Finanzmärkte beherrschen. In früherer Zeit waren es Wucher treibende Juden, heute sind es jene der Ostküste. Der Begriff Jude muss nicht mehr vorkommen – es wird auch so verstanden, was gemeint ist. Genauso sind mit Islam, Moslem und Fundamentalismus TürkInnen gemeint und umgekehrt. So gelingt es, eine vorgeblich homogene Gruppe zu konstruieren, deren Heterogenität zu verschleiern und dieser Gruppe negative Eigenschaften zuzuschreiben (Fundamentalismus als Bedrohung des Westens), Menschenrechtsverletzungen Vorschub zu leisten und ähnliches mehr. Vergleichbares geschieht mit dem Begriff Kultur, der – wovon später ausführlich die Rede sein wird – statt des in der deutschen Sprache belasteten Begriffs „Rasse“ verwendet wird.

ABLEHNUNG DER EU

Ein weiteres Thema, das in der rechtspopulistischen Argumentation verwendet wird, ist die von Skepsis bis Feindschaft reichende Ablehnung der EU.[10] Austreten wolle man nicht, wird immer wieder betont, aber die EU zurückstufen auf eine lose Staatengemeinschaft, die Rechte der einzelnen Länder stärken und gleichzeitig mehr „direkte Demokratie" zulassen. 2008 standen Themen wie „Volksvertreter statt EU-Verräter" (FPÖ) oder die Anbiederung an die *Kronen Zeitung* und scheinheilige Forderungen nach mehr direkter Demokratie (SPÖ) im Vordergrund. Die FPÖ plakatierte zu Beginn des Wahlkampfs zum Europäischen Parlament 2009 dann in einschlägiger Manier: „Abendland in Christenhand", „echte Volksvertreter statt EU-Verräter" – eine leichte Abweichung des Slogans im Nationalrats-Wahlkampf 2008 – oder „Für Österreich da statt für EU und Finanzmafia" bzw. „Soziale Wärme statt EU für Konzerne". All das sollte am „Tag der Abrechnung" der FPÖ Stimmen bringen.

Als im Jahr 2000 die (in Österreich als „Sanktionen" bezeichneten) bilateralen Maßnahmen der damals 14 anderen EU-Länder gegen Österreich beschlossen wurden (aus Protest gegen die Regierungsbeteiligung der FPÖ, die ein wenig differenziertes Bild des Nationalsozialismus vertrat/vertritt), forderten Andreas Khol und Peter Westenthaler mit ÖVP und FPÖ am 5.7.2000 allen Ernstes eine Volksbefragung über EU-relevante Themen.[11] Sechs Fragestellungen sollten pauschal mit Ja oder Nein beantwortet werden. Es sollte festgelegt werden, dass es keine Vorherrschaft „einiger weniger großer Staaten über die anderen" geben dürfe; gleichzeitig sollte sichergestellt sein, dass die EU „die Einrichtungen der direkten Demokratie achtet". Zu den Einrichtungen der direkten Demokratie gehört das Wahlrecht – „one person, one vote". Wenn dies konsequent umgesetzt würde, hätte Österreich – entsprechend der EinwohnerInnenzahl – gemeinsam mit anderen kleineren Ländern deutlich weniger Möglichkeiten und deutlich weniger Einfluss. Die eine Forderung – gegen die Großen – konkurriert mit der zweiten – für die Großen. Das schien aber nicht zu stören. In der damaligen Hysterie und dem damaligen kollektiven Populismus in Österreich ging es nicht um Details. Zur Volksbefragung (welche rechtlichen Konsequenzen hätte eine Volksbefragung überhaupt?) kam es nicht mehr. Vorher – Anfang September 2000 – wurde der Weisenbericht von Ahtisaari, Frowein und Oreja präsentiert.

Noch Jahre später war das Thema nicht ausgestanden. Im Juni 2004 wurde das Europäische Parlament neu gewählt. Im Vorfeld dieser Wahl wurde von Vizekanzler Haupt und Landeshauptmann Haider ernsthaft gefordert, dem SPÖ-EU-Abgeordneten Hannes Swoboda das Wahlrecht zu entziehen. Er hatte im Jahre 2000 in einem Schreiben Verständnis für die bilateralen Maßnahmen gezeigt. Haider und Haupt bezeichneten dies 2004 als Vaterlandsverrat bzw. Landesverrat.

Die EU eignet sich besonders gut für populistische Agitation. Ihr kann man jede Art von Verantwortung zuschreiben – für Bananenkrümmungs-Vorschriften oder für die Diskussion um die Begriffe Marmelade vs. Konfitüre. Die

EU bleibt entpersonalisiert. „Die in Brüssel" werden sie genannt, und es wird verschwiegen, dass dort auch jene ÖsterreicherInnen sitzen und agieren, die Österreich in den EU-Gremien und EU-Institutionen vertreten. Hatte der ÖAAB-Tirol bei AK-Wahlen um 1990 noch „Tirol oder Wien" plakatiert, so war 2004 „Tirol oder Brüssel" zu lesen. Das Feindbild war nicht mehr die Bundeshauptstadt, das Feindbild war Brüssel – der Inbegriff der EU und deren inoffizielle Hauptstadt. Mittlerweile war Österreich ja der EU beigetreten.

Die EU ist allerdings nicht nur Feindbild vieler Rechtspopulisten. Hans Peter Martin – 1999 für die SPÖ Abgeordneter zum EU-Parlament, 2004 dann mit einer eigenen Liste sehr erfolgreich und 2009 noch erfolgreicher – zeigt, dass er mit rechten, ausländerfeindlichen Parolen niemals mitgehen würde und kritisiert rechtspopulistische Parteien immer wieder. Sein Stil aber ist wohl eindeutig populistisch.

Rechtspopulisten betonen die Wichtigkeit der direkten Demokratie. Nur diese – des „Volkes Stimme" – sei wahre und wahrhafte Demokratie. Damit wird die repräsentative Demokratie deutlich kritisiert bzw. als sekundär eingestuft. Dies ist bei verschiedenen Volksbegehren zu sehen (worauf später noch ausführlich eingegangen wird), dies war 2008 auch ein Motiv für die Forderung einer Volksabstimmung zur Ratifizierung des Reformvertrags von Lissabon. In Gleichklang mit der *Kronen Zeitung* wurde gegen die Ratifizierung im Parlament gewettert und getobt; damals waren allerdings nicht nur rechtspopulistische Stimmen gegen die Ratifizierung durch das Parlament und für eine Volksabstimmung zu hören.

RECHTSPOPULISMUS, ANTIAMERIKANISMUS UND ANTISEMITISMUS

Antiamerikanismus hat eine lange Tradition in der Neuen Rechten bzw. in rechtsextremen Kreisen (und auch in Teilen der Linken). McDonaldisierung und Coca-Colonization sind zwei Termini, mit denen darauf hingewiesen werden soll, dass ein Kulturuntergang bevorstehe bzw. dieser längst begonnen habe.

Ewald Stadler hatte schon viele Funktionen inne. Einmal in der FPÖ, einmal mit und ein andermal ohne Strache, einmal mit und ein andermal ohne Haider (und dann wieder mit Haider und dem BZÖ), 2009 als EU-Spitzenkandidat des BZÖ (mit sehr bescheidenem Erfolg), als Volksanwalt ebenso wie als Festredner, z.B. mit der Feuerrede am 21. Juni 2002 in Seebarn/NÖ.

Dort trafen sich Gleichgesinnte zur Sonnwendfeier und lauschten der Rede des prominenten Mitstreiters.

Stadler redet über Kelten und Germanen, über das Sonnwendfeuer, über „gnadenlose Gutmenschen und Tugendterroristen"; davon, dass wir 1945 „angeblich vom Faschismus und der Tyrannei befreit worden seien"[12]; davon, „dass wir unseren Volkserhalt durch gesunde, starke und kinderreiche Familien selbst organisieren und nicht durch Zuwanderungsexperimente es anderen Völkern überlassen, unser Volk zu erhalten, das wird nicht funktionieren."

Stadler kommt auch auf die USA und Israel zu sprechen: Trotz 9/11 hätten die USA keinen Freibrief, die Welt in Gut und Böse einzuteilen oder zu bestimmen, „wer zurückgebombt wird ins Mittelalter und wer es verdient hat, zu Verbündeten der Amerikaner zu gehören". Israel und die USA müssten mehr tun „für den Weltfrieden, als eine Mauer zu bauen und Europa in die Zahlungsziehung zu nehmen."

Zahllose Klischees werden von Ewald Stadler bedient. Die „gnadenlosen Gutmenschen und Tugendterroristen", die „angebliche Befreiung 1945", „die Werte, die unserem Volk das Überleben und die kulturellen Höchstleistungen über tausend Jahre gesichert haben" und schließlich die Angriffe auf die USA und auf Israel.

Zwischen 2001 und 2006 war Ewald Stadler Volksanwalt und damit in einer wichtigen politischen Funktion. 2002 forderte er einen „enttabuisierten Umgang mit unserer Geschichte", so wie das Horst Mahler in Deutschland mache. Gemeint war jener Horst Mahler, dem zu 9/11 Folgendes eingefallen war: „Die Luftangriffe auf New York markieren das Ende des amerikanischen Jahrhunderts, das Ende des westlichen Jahwe-Kultes." Sie waren – so Mahler weiter – „eminent wirksam und deshalb rechtens."[13] Von Horst Mahler stammt auch folgendes Zitat: „Wenn der gegenwärtige Weltzustand, der Globalismus, nicht als das objektive Dasein der Judenfrage begriffen wird, dann werden sich Versuche, dieses Problem durch die Vernichtung der Juden zu lösen, in Zukunft nicht verhindern lassen."[14] So viel zu den Vorstellungen Stadlers zu einem „enttabuisierten Umgang mit unserer Geschichte" à la Horst Mahler.

Einen besonderen Umgang mit Geschichte wünscht sich auch Paintballspieler Strache (und mit ihm so manch anderer in der FPÖ). Wenn es um das Verbotsgesetz geht, werden er und andere nervös, fordern Meinungsfreiheit oder betonen, dass es in einer Demokratie doch möglich sein müsse, „schwachsinnige und verrückte Meinungen auszuhalten“[15]. Das Verbotsgesetz, so der Ansatz, sei also abzuschaffen.

Nicht dazugesagt wird, dass es im Verbotsgesetz u. a. darum geht, eine Wiederbelebung des Nationalsozialismus zu verhindern und darum, dass die Verbrechen der Nazis nicht geleugnet werden dürfen. Wer nun meint, dass die Leugnung des Holocaust eine – möglicherweise schwachsinnige oder verrückte – Meinung sei, irrt: Es ist dies keine Meinung, sondern eine Verhöhnung der NS-Opfer. Man kann über vieles unterschiedlicher Meinung sein und dementsprechend pro und contra diskutieren. Aber eben nicht darüber, ob es den Holocaust gegeben hat oder vielleicht doch nicht.

Antiamerikanismus ist aber kein Monopol der Rechten. Als am 9.11.2003 in Wien der Opfer des Novemberpogroms gedacht wurde, stürmten linke Demonstranten auf den Platz und riefen in ihre Megaphone: „Israel, USA – Menschenrechte ha ha ha“ bzw. „USA – Internationale Völkermordzentrale“.

Antiamerikanismus und Antisemitismus sind, wie dieses Beispiel zeigt, nicht trennscharf voneinander abzugrenzen. Immer wieder werden die Klischees parallel benützt, werden Vorurteile gegenüber den USA mit solchen gegenüber Israel vermischt.

DER NATIONALRATS-WAHLKAMPF 2008

Im Wahlkampf zur Nationalratswahl 2008 war vieles populistisch, nicht alles davon aber rechtspopulistisch.

EIN POPULISTISCHER BÜRGERVERTRAG

Am 8.9.2008 präsentierte die ÖVP ihren „Bürgervertrag". Unterzeichnet wurde er von Umweltminister Josef Pröll und Vizekanzler Wilhelm Molterer. Öffentlich unterzeichnet wurden 10 Punkte, bei näherem Nachsehen auf der ÖVP-Homepage waren es dann 15.[16] Als erstes wurde darin festgelegt, dass ein noch zu schaffender Weisenrat die Einhaltung des Bürgervertrags kontrollieren werde. Wieder einmal sollte den BürgerInnen etwas versichert werden, was wohl kaum mit Sicherheit zugesagt werden kann: Weder die FPÖ unter Jörg Haider Mitte der 1990er Jahre noch Berlusconi in Italien Anfang des 21. Jahrhunderts hielten sich an die entsprechenden „Abmachungen" bzw. „Verträge" mit den BürgerInnen. Dabei hatte es die FPÖ Mitte der 1990er Jahre insofern einfacher, als sie nicht in der Regierung war. Bei Berlusconi war das schon anders. Aber obwohl seine Punkte nicht eingehalten wurden, war dann, bei der nächsten Wahl, keine Rede davon, dass er die angekündigten Konsequenzen auch zu ziehen bereit sei.

Einige der ÖVP-Ideen in diesem Bürgerprogramm muss man wohl als recht naiv bezeichnen: Etwa Punkt 4, „Österreich mitregieren" mit dem Vorschlag, Ideen von WählerInnen in das Regierungsprogramm einzubinden. Diese Ideen „werden bewertet, ausgewählt und die besten werden sich in der Regierungserklärung wiederfinden", so der Wortlaut im Bürgervertrag. Das klingt nach mehr direkter Demokratie, und mehr direkte Demokratie kommt immer gut an. Dass dies in der Praxis wohl kaum umsetzbar wäre, war da anscheinend nicht so wichtig. Es stellt sich auch die Frage, warum man denn überhaupt Parteien wählen sollte, die ihrerseits Abgeordnete bzw. Regierungsmitglieder stellen, wenn diese erst recht bei den WählerInnen nachfragen müssen, ob das Regierungsprogramm genehm sei.

Auch andere Punkte klingen bei näherer Betrachtung eher hohl: Durch die Unterschrift jedes Regierungsmitglieds (Punkt 10 des Bürgervertrags) – als Zeichen der Unterstützung des Programms – solle der Regierungserklärung mehr Verbindlichkeit gegeben werden. Als ob jemand ein Ministeramt besetzen könne, der oder die im Vorhinein erklärt, mit dem Regierungsprogramm nicht einverstanden zu sein. Oder die Idee, die Ausschüsse öffentlich zu machen (Punkt 12) – würden sie dadurch demokratischer? Der Ministerrat werde auch in anderen Bundesländern zusammentreten (Punkt 5), bei dieser Gelegenheit können BürgerInnen die Bundesregierungssprechtage wahrnehmen (Punkt 6). Was für einen Fortschritt für die Demokratie würde das bedeuten?

Es wird durch diesen öffentlich unterzeichneten Vertrag der Eindruck erweckt, er bringe mehr BürgerInnen-Beteiligung, er bringe mehr direkte Demokratie und mehr Kontrolle. Damit wird gleichzeitig suggeriert, das führe zu einer besseren Demokratiequalität. Dem ist aber nicht so. Dieser Bürgervertrag ist nach Ansicht vieler nicht viel mehr als eine Aneinanderreihung von Selbstverständlichkeiten einerseits, von Scheinheiligkeiten andererseits. Im Jahr 2009 war der Vertrag dann vergessen und auch von der Homepage der ÖVP verschwunden.

AUSLÄNDERFEINDLICHE WAHLKÄMPFE

Ist dieser Vertrag der ÖVP aus dem Jahr 2008 ein Beispiel für Populismus, so liefert der Umgang mit AusländerInnen Beispiele für Rechtspopulismus. Auch das ist nicht neu – und wird uns beim Thema Xenophobie noch ausführlich beschäftigen.

Hier nur ein kleiner Rückblick: Als der damalige Bundespräsident Thomas Klestil am 4.2.2000 die ÖVP/FPÖ-Regierung Schüssel I angelobte, waren auf der Liste der BundesministerInnen Thomas Prinzhorn und Hilmar Kabas nicht mehr vertreten – in einem ersten Vorschlag waren sie noch genannt. Was immer die Gründe waren, dass Klestil gedroht hatte, diese beiden nicht anzugeloben (die eisige Miene, mit der Klestil die Regierung angelobte, bot reichlich Spielraum für Interpretationen), öffentlich wurde als Begründung angegeben, dass die beiden für den ausländerfeindlichen Wahlkampf der FPÖ verantwortlich waren. Die Assoziationen in Wahlkampffoldern reichten von Schwarzafrikaner = Drogendealer bis zu denselben in Designeranzügen: In einem Wahlkampffolder hatte die FPÖ 1999 unter anderem Folgendes geschrieben: „Wußten Sie, dass ... es nur unter der SPÖ in Wien möglich ist, dass schwarzafrikanische Asylwerber mit Designeranzug und Luxushandy ihren Drogengeschäften ungestört nachgehen können?“.[17]

Prinzhorn hatte in einem Interview mit einer Baden-Württemberger Zeitung allen Ernstes behauptet, Ausländerinnen würden in Österreich gratis Medikamente zur Fertilitätssteigerung bekommen und Österreicherinnen nicht.[18] Die Slogans „Stopp der Überfremdung" und „Stopp dem Asylmissbrauch" waren auch damals gang und gäbe. Im Nationalrats-Wahlkampf 2008 warb das BZÖ mit dem Slogan „Österreich den Österreichern". Noch Anfang/Mitte der 1990er Jahre waren ähnliche Slogans fast ausschließlich Domäne rechtsextremer Gruppierungen („Deutschland den Deutschen", die „Türkei den Türken" oder „Asien den Asiaten").

Diese Slogans sind insofern aussagekräftig, als sie eben nichts aussagen. Es wird der Eindruck erweckt, es sei klar, wer als ÖsterreicherIn gilt und dass Österreich ausschließlich dieser Gruppe gehöre. Anfang der 1990er Jahre hatte die FPÖ in Tirol mit der Parole „Tirol den Tirolern" geworben und auch damit den Eindruck erweckt, es sei klar, wer nun Tiroler sei und wer nicht.

Was macht denn den echten Tiroler, die echte Österreicherin aus? Der Geburtsort kann es nicht sein. Die Salzburger Landeshauptfrau Gabi Burgstaller (bzw. deren Vorgänger Franz Schausberger oder der ehemalige Kärntner Landeshauptmann Jörg Haider) wurde ebenso in Oberösterreich geboren wie der ehemalige Bischof der Diözese St. Pölten, Kurt Krenn. Die Sprache kann es wohl auch nicht sein. Der Dialekt mancher zehnjähriger Türken in Reutte ist authentischeres Tirolerisch als jenes manch prominenter „Zuagroaster". Das wird jedoch heruntergespielt. So ist es einfacher, ein Wir-Gruppengefühl zu erzeugen und sich von den anderen abzugrenzen. Würde man bei Definitionen zu sehr ins Detail gehen, könnte möglicherweise bekannt werden, dass doch nicht alle, die als echte ÖsterreicherInnen gelten bzw. sich als echte ÖsterreicherInnen sehen, auch solche sind. Aber bei oberflächlicher Betrachtung geht das unter.

Der generelle Populismus (und teilweise Rechtspopulismus) politischer Parteien im Wahlkampf 2008 wird von Thomas Mayer (*Der Standard*) auf den Punkt gebracht: Wenn Fritz Dinkhauser forderte, dass „es Populisten dringend braucht", so sei das Gegenteil der Fall: „Wir brauchen keine Populisten. So wie wir auch nicht wirklich eine Wahlrechtsreform brauchen, die ‚klare' Mehrheiten, ‚starke' Führung anstrebt. Die Vergröberungen der gesellschaftlichen Realität und ihrer Vielschichtigkeit bis hin zu Unkenntlichkeit und Reduktion mögen verführerisch klingen. Aber das kann das Wesentliche nicht ersetzen: dass Parteien Politik machen, statt Schein zu erzeugen."[19]

„Keine Rechte ohne Pflichten" und „Integration vor Zuwanderung" waren Forderungen der ÖVP im Nationalrats-Wahlkampf 2008, „Ohne Deutschkurs keine Zuwanderung" war eine andere. All diese Forderungen bedeuten einen Ruck nach rechts: Die ÖVP war in der Zeit von 1987 bis 2008 Regierungspartei, einige Jahre hatte sie mit Wolfgang Schüssel auch den Bundeskanzler stellen können. In dieser Zeit wurde in erster Linie die Assimilierung forciert. Im Wahlkampf zur Nationalratswahl 2008 wird das Thema Integration auf Defizite der Zuwanderer reduziert – diese müssten sich entsprechend anpassen. All das war im Mai 2009 mit ein Grund für viele NGOs – von asylkoordination bis ZARA – an der Erstellung eines „Nationalen Aktionsplanes Integration“ bis auf Weiteres nicht mitzuarbeiten: „Sollten Sie an unserer Mitarbeit ernsthaft interessiert sein, so ersuchen wir Sie höflich, ein Prozessdesign zu erarbeiten, das die tatsächliche gemeinsame Erarbeitung eines Integrationsplans ermöglicht und Ihre positive Wertschätzung gegenüber der Arbeit und dem Know-how der NGOs zum Ausdruck bringt. Als Aufputz für Presse-Präsentationen von Positionspapieren, zu deren Inhalt wir nichts beitragen konnten, stehen wir nicht zur Verfügung“, stand in einem offenen Brief an Innenministerin Fekter zu lesen.[20]

EIN „ALTER HERR“ ALS DRITTER NATIONALRATSPRÄSIDENT

Nach der Wahl konstituierte sich der Nationalrat, die erste Sitzung fand am 28. Oktober 2008 statt. Wie üblich ging es bereits im Vorfeld dieser ersten Sitzung um die Verteilung der Positionen im Präsidium bzw. um die Nominierung der KandidatInnen. Üblicherweise gehen diese drei Posten an die drei mandatsstärksten Parteien, in diesem Fall an SPÖ, ÖVP und FPÖ. Das ist nicht weiter überraschend und auch nicht weiter aufregend. Aufregung gab es aber um die Besetzungspläne der FPÖ. Mit Martin Graf wurde ein „Alter Herr“ der Burschenschaft Olympia vorgeschlagen. Einer Burschenschaft, deren ideologische Ausrichtung seit langem bekannt war. In den 1960er Jahren war die Olympia wegen Beteiligung an Attentaten in Südtirol jahrelang verboten, innerhalb des Spektrums der Burschenschaften war sie immer am rechten Rand angesiedelt. Die Olympia ist auch im Verein Deutsche Bur-

schenschaften, der – im Gegensatz zum 1996 gegründeten Verein Neue Deutschen Burschenschaften – deutlich rechts anzusiedeln ist. Auch die Innsbrucker Brixia oder die Oberösterreicher Germanen sind – neben zahlreichen anderen österreichischen Burschenschaften – in der Deutschen Burschenschaft. In der Neuen Deutschen Burschenschaft sind keine österreichischen Verbindungen.
1991 hatte die Olympia beim Burschentag in Eisenach die Beendigung der „Unterwanderung des deutschen Volkskörpers durch Ausländer“[21] gefordert. Dass bei einem Liederabend der Olympia im Januar 2003 Michael Müller auftrat, der in seinem Repertoire u. a. antisemitische Lieder hat, rundet das Bild ab (einer der Liedtexte von Müller: „Mit sechs Millionen Juden, da fängt der Spaß erst an, mit sechs Millionen Juden, da ist der Ofen an ... Wir haben reichlich Zyklon B ... Mit sechs Millionen Juden, da ist noch lange nicht Schluss.“)
2008 wird Martin Graf also Dritter Nationalratspräsident und unter seinen Mitarbeitern sind welche mit guten Kontakten in die rechtsextreme Szene. Als das thematisiert wurde, kommentierte dies der angegriffene Graf als „übliche Menschenhatz der Grünen gegenüber Freiheitlichen.“[22]
Nach einiger Zeit sah sich Graf die Homepage des Verlags an, bei dem zwei seiner Mitarbeiter T-Shirts (treudeutsch T-Hemden) bestellt hatten und entdeckte, dass der Aufruhr-Versand tatsächlich neonazistische Materialien vertreibe. Spät, aber doch, distanzierte er sich. Die Aufdrucke auf den T-Shirts seien aber unbedenklich und nicht verboten, es gebe also auch keinen Grund, die Mitarbeiter nicht mehr zu beschäftigen.[23]

So ist das in Österreich: Was nicht verboten ist, wird oft als unbedenklich qualifiziert und schließlich kann man sich ja immer noch distanzieren. Da kommt die Frage auf, wie es um die politische Kultur – konkret um die Distanz zum Nationalsozialismus – eines Landes bestellt ist, in dem sich ein Dritter Nationalratspräsident überhaupt distanzieren muss. Als ob 2009 nicht erwartet werden könnte, dass (nicht nur) NationalratspräsidentInnen über jeden diesbezüglichen Verdacht erhaben seien. Anscheinend kann man das nicht erwarten: Als am 4. Februar 2000 die ÖVP/FPÖ-Regierung Schüssel I angelobt wird, gibt es in der Regierungserklärung eine Präambel, in der steht, dass sich die Bundesregierung vom Nationalsozialismus distanziere. Schon damals stellte sich die Frage, warum eine Regierung im Jahr 2000 überhaupt eine solche Feststellung treffen musste. Als ob das – damals immerhin 55 Jahre nach der Befreiung vom Nationalsozialismus – nicht eine Selbstverständlichkeit sein müsste. Nun, neun Jahre später, scheint es immer noch keine Selbstverständlichkeit zu sein. Immer noch wird mit Ausreden und Ausweichen reagiert. Mit Verweis auf Gewohnheiten oder Gebräuchlichkeit. Oder mit der Behauptung, es sei nicht sinnvoll, die alten Geschichten immer wieder aufzurollen (Außenminister Spindelegger in der ORF-Pressestunde am 11.1.2009). Dabei ist es offensichtlich, warum wohl immer wieder dieses Thema aufgerollt wird – weil es eben immer noch mancherorts Sympathie für diese Ideologie gibt. Die (österreichische) Schlampigkeit im Umgang mit dem Nationalsozialismus wird so schnell nicht zu ändern sein.

WENIG DISTANZ ZUM NATIONALSOZIALISMUS

Rechtspopulismus und rechtspopulistische Parteien finden wir nicht nur in Österreich. FPÖ und BZÖ tragen hier eine nationale Meisterschaft aus, wie dieses Duell ausgehen wird, ist offen. Und ob bzw. inwieweit andere Parteien in diesen Wettbewerb eintreten, kann nur vermutet werden. Im Nationalrats-Wahlkampf 2008 waren jedenfalls entsprechende Töne hör- und entsprechende Slogans sichtbar. Beide aber – stärker die FPÖ als das BZÖ – haben zusätzlich zum Rechtspopulismus noch eine weitere, eine österreichische Besonderheit: Zahlreiche RepräsentantInnen beider Parteien zeigen wenig Distanz zum Nationalsozialismus generell, zu den Verbrechen der Nazis speziell: Die FPÖ als „rechtspopulistische Partei plus X" – wie es Anton Pelinka formulierte.

Zum Beispiel der weiter unten beschriebene John Gudenus. Im Jahr 2005 meinte der damalige FPÖ-Bundesrat, Zweifel an Gaskammern der Nazis seien durchaus zuzulassen, man solle eben prüfen, ob das alles wirklich so war. Kurze Zeit später legte Gudenus nach: „Es gab Gaskammern, aber nicht im Dritten Reich, sondern in Polen. So steht es auch in Schulbüchern. Ich hab nie gesagt, dass ich prinzipiell Gaskammern anzweifle."[24] Im nachfolgenden Prozess betonte Gudenus' Anwalt, das Dritte Reich habe lediglich von 1933–1938 bestanden, danach sei es das Großdeutsche Reich gewesen – eine Argumentation, der sich Geschworene und Richter nicht anschlossen. Das Urteil: ein Jahr bedingte Freiheitsstrafe.

Am 8.5.2007 – 52 Jahre nach Kriegsende – interviewt Armin Wolf H.C. Strache. Es geht in dem Gespräch um den 8. Mai (Ende des 2. Weltkriegs 1945 in Europa), es geht auch um den Widerstandskämpfer Franz Jägerstätter und um Deserteure. Strache versucht seiner Linie treu zu bleiben und damit seine SympathisantInnen nicht zu vergrämen. Er sagt, dass vor und nach dem 8.5.1945 Verbrechen begangen worden seien, dass Deserteure zunächst einmal ihre Kameraden gefährdet hätten, sie seien grundsätzlich Täter und keine Opfer (auch Deserteure während der NS-Zeit). Dass es nach der Befreiung vom Nationalsozialismus auch Verbrechen gegeben habe, so Strache, werde „heute von Linkslinken einfach so negiert, weggewischt. Da werden, da wird eine ganze Generation pauschal als Kriegsverbrechergeneration deformiert (sic. R.G.) und da spielen wir nicht mit."[25]

Das Thema „Kriegsgeneration" ist aufschlussreich: Neben Strache hat auch einer seiner FPÖ-Obmann-Vorgänger diesen Begriff verwendet: Am 2.11.1986 betonte Jörg Haider: „Es ist beschämend, wenn man sieht, wie Menschen, die alles gegeben haben, was sie zu geben hatten – nämlich ihr Leben – von Drückebergern und politischen Opportunisten mit Dreck beworfen werden. Damit muß ein für allemal Schluß sein. Es ist unverständlich, warum unsere Väter und Großväter Verbrecher sein sollen, wie so viele Politiker lautstark verkünden. Ich stehe zu dieser Kriegsgeneration, zu den Toten wie zu den Lebenden."[26]
Ob Haider, Strache oder andere: Immer wieder wird der Begriff „Kriegsgeneration" verwendet, um bestimmte Aussagen zu treffen. Häufig durch die Gegenüberstellung

„Kriegsgeneration“ vs. „Drückeberger“, „politische Opportunisten“ (Haider 1986); „Linkslinke“ (Strache u.a. 2007); „Gutmenschen“, „RAF-Sympathisanten“, „Generation der Zivildiener“, „Störer der Totenruhe“ (der damalige Universitätsrat der Medizinischen Universität Wien, der emeritierte Grazer Univ. Prof. Pendl 2006). „Kriegsgeneration“ heißt in diesen Zusammenhängen soviel wie anständig; die Pflicht erfüllt habend; korrekt. Die anderen werden mit deutlich negativ besetzten Begriffen diffamiert.

Hier wird subtil versucht, mit Einvernahme zu arbeiten: Der Begriff Generation steht für eine bestimmte Bevölkerungsgruppe, die gemeinsam hat, annähernd gleich alt zu sein; d.h. etwa die Generation der heute (2009) 70–90-Jährigen, die also zwischen 1919 und 1939 geboren wurden; konkret also eine Gruppe in der Generationenfolge.

Wird der Begriff „Kriegsgeneration“ pauschal verwendet, so entsteht bei genauerer Betrachtung ein Dilemma, weil mit diesem Begriff Heterogenes unzulässig über einen Kamm geschoren wird. Es gibt zwar die „Kriegsgeneration“ im Sinne oben genannter Gruppe in der Generationenfolge; mit der Gegenüberstellung „Kriegsgeneration“ vs. andere („Gutmenschen“, „RAF-Sympathisanten“ u.a.m.) wird aber der Eindruck erweckt, die „Kriegsgeneration“ sei eine auch ideologisch homogene Gruppe gewesen. Dass zur Kriegsgeneration z.B. in Vernichtungslagern ermordete Juden und Jüdinnen ebenso gehören wie SSler, Goebbels oder Hitler, wird nicht gesagt. Es wird jegliche Diskussion über unterschiedliche Interessenlagen verhindert bzw. unterbunden. Ähnliches geschieht mit vielen Kriegerdenkmälern: Auf diesen sind die Namen von Gefallenen (in wenigen Fällen auch Vermissten) zu lesen – unabhängig von ihrer damaligen Rolle und ihren damaligen Aktivitäten. Das einigende Element ist der Tod als Soldat. De mortuis nil nisi bene[27]: mit dem wiederholt zu hörenden Verweis wird eine neuerliche Instrumentalisierung jener durchgeführt, die bereits damals aus Mangel an individuellen Alternativen Soldaten der Wehrmacht wurden und als solche starben. Mit diesem Verweis soll auch erreicht werden, dass über jene nicht gesprochen wird, deren Namen ebenso auf den Kriegerdenkmälern zu finden sind, die aber damals eindeutig Verbrechen begingen.

Es wird damit ein sehr einseitiges Geschichtsbild vermittelt: Die „Kriegsgeneration" soll pauschal freigesprochen werden.

FAMILIENGESCHICHTEN

GUDENUS VATER UND SOHN

Vater und Sohn Gudenus zeigen, dass sie in vielem übereinstimmen. John Gudenus war von 1990 bis 2005 für die FPÖ im Parlament – teilweise im Bundesrat, teilweise im Nationalrat. Sein Sohn, Johann Gudenus, ist seit 2003 Bundesobmann des RFJ (Ring Freiheitlicher Jugend) und seit 2005 für die FPÖ Abgeordneter im Wiener Landtag.

2005 musste John Gudenus zur Kenntnis nehmen, dass seine Aussage von den Gaskammern, die es im Dritten Reich nicht gegeben habe (sondern in Polen), ein Vergehen gegen das Verbotsgesetz ist. Als Armin Wolf in der ZiB 2 am 1.10.2008 dem späteren Dritten Nationalratspräsidenten Martin Graf die Frage stellte, ob er wie sein langjähriger Parteikollege Gudenus bezweifle, dass in den Gaskammern im Deutschen Reich Millionen Juden vernichtet wurden, wurde Wolf von Gudenus geklagt – und im Dezember 2008 freigesprochen.

Johann Gudenus ist, wie gesagt, seit längerer Zeit für die FPÖ politisch aktiv. In einer Stellungnahme zum RFJ schrieb Heribert Schiedel vom Dokumentationsarchiv des österreichischen Widerstandes (DÖW) 2008, dass damals rechtsextreme Kreise um Johann Gudenus die Führung des RFJ übernommen hätten.[28] Die NPD sprach wohlwollend von Vertretern des nationalen Flügels: „An die Spitze des Jugendverbandes wurde mit Johann Gudenus [...] ein überzeugter National-Freiheitlicher gewählt."[29] Schiedel zitiert dabei auch einen bekannten deutschen Neonazi (Peter Hasselbach): „In der FPÖ-Jugend, dem Ring Freiheitlicher Jugend (RFJ), sind sogar führende Funktionäre im Bundesvorstand intern als Nationalsozialisten bekannt, die auch in den entsprechenden Kreisen verkehren."

Das Resümee Schiedels zum RFJ ist eindeutig: Zahlreiche Wortmeldungen des RFJ seien als rechtsextrem einzustufen, es gebe genügend Berührungspunkte mit der neonazistischen Szene. Seit 2003 (seitdem ist, wie gesagt, Gudenus RFJ-Bundesobmann) sei der RFJ massiv nach rechts gerückt, sodass sich fast zwangsläufig diese Berührungspunkte mit dem Neonazismus ergäben. So manche Neonazis würden auf eigenständige Agitation verzichten, da sie eine Heimat im RFJ gefunden hätten und hier vor behördlicher Verfolgung sicher seien: „Vielmehr übernahm der RFJ in letzter Zeit verstärkt Agitationsthemen der Neonazis, allen voran die Behauptung einer angeblichen Einschränkung der ‚Meinungsfreiheit' durch das Verbot der Leugnung und/oder Gutheißung von NS-Verbrechen und sonstiger (neo)nationalsozialistischer Propaganda."[30]

Johann Gudenus findet auch in Zusammenhang mit anderen Themen klare Worte. Die Solidarität von Caritaspräsident Franz Küberl mit AsylwerberInnen sei grausam und menschenverachtend; Flüchtlinge aus moslemischen Ländern sollten in Saudi Arabien Asyl beantragen und überhaupt sei es schade, dass es den alten römischen Brauch der Verbannung derjenigen, die sich am Volkswohl versündigten, nicht mehr gebe. Dass Gudenus gegen „Umvolkung" und für einen „Stopp der Überfremdung" sei (so wie im RFJ-Grundsatzprogramm gefordert), ist da wenig verwunderlich.

Auch die Begriffe rechts und links weiß Johann Gudenus zu definieren. Angesprochen auf rechtsextremistisch motivierte Straftaten meint er, dass rechtsextreme Skinheads asoziale Anarchos seien, „die in Wirklichkeit Linke sind. Rechts hat mit rechtschaffen zu tun und links ist das Gegenteil. Jemand, der rumpöbelt und Leute verletzt, kann für mich kein Rechter sein."[31] Ist das nicht eine seltsame Theorie? Wenn man davon ausgeht (und davon kann man wohl ausgehen), dass die Nazis beides – rumpöbeln und Leute verletzen – bis zum Exzess taten (mit dem mörderischen Höhepunkt Holocaust und millionenfacher Vernichtung von Menschen), so können sie in der Darstellung von Gudenus keine Rechten gewesen sein. Warum aber zeigen dann gerade zahlreiche FPÖ-FunktionärInnen immer wieder so viel Sympathie für die Nationalsozialisten?
Die Ideen von Johann Gudenus sind in der FPÖ nicht wirklich neu. Im Dezember 1994 erklärte der burgenländische FPÖ-Landtagsabgeordnete Eduard Nicka diese Begriffe: Rechts, so Nicka damals, sei über die Jahrhunderte positiv besetzt gewesen, bedeute in unserem Sprachgebrauch auch aufrecht, richtig, rechtmäßig, gerecht, ordentlich, redlich und gut. Links aber sei linkisch, ungerade, falsch, krumm, unrecht, dunkel, verlogen, verderblich, unheilvoll und böse.[32]

WINTER MUTTER UND SOHN

Mutter und Sohn Winter zeigen ebenso, dass sie inhaltlich in vielem übereinstimmen. Zu Beginn des Jahres 2008 – in Graz war Kommunalwahlkampf – meinte Susanne Winter allen Ernstes, Mohammed sei aus heutiger Sichtweise ein Kinderschänder und den Koran habe er unter dem Einfluss epileptischer Anfälle geschrieben.[33] Winter und mit ihr der FPÖ brachte dieser unglaubliche Sager aber nichts: Der Zugewinn nach dem historischen Tiefst-Ergebnis von 2003 – Graz war traditionell immer eine der FPÖ-Hochburgen – war mit etwa 3% eher mager.

Sohn Michael Winter, steirischer RFJ-Obmann, hatte sich 2007 in der RFJ-Zeitung *Tangente* Gedanken um von Vergewaltigung bedrohte Grazerinnen gemacht. Er unterstellte Moslems einen Hang zur Sodomie; man solle – so Winter – im Stadtpark in Graz eine Schafherde grasen lassen, damit Moslems ihre sexuellen Neigungen ausleben könnten und nicht Grazerinnen vergewaltigten.[34] Wenig überraschend befand das Gericht, das hier der Tatbestand der Verhetzung gegeben sei. Im Herbst 2008 wurde Winter deshalb rechtskräftig zu einer bedingten Haftstrafe von drei Monaten verurteilt. Im November 2007 erklärte Susanne Winter, Mutter von Michael Winter, in einem *Falter*-Interview (47/2007), dass es in islamischen Ländern Tierbordelle gäbe – sie werde das beweisen.[35] Und in einer Grazer Schule legte Winter nach, mit einem Satz, den sie allerdings nachher bestritt: „Wir sollten im Stadtpark ein Tierbordell errichten, damit die muslimischen Männer dorthin gehen können und sich nicht an den Mädchen im Stadtpark vergreifen."[36] Im Dezember 2008 wurde die parlamentarische Immunität der Neo-Nationalratsabgeordneten Winter aufgehoben.

Der Prozess (erste Instanz) fand im Januar 2009 statt. Es sei alles nicht so gemeint gewesen, beleidigen wollte sie selbstverständlich niemanden, nur auf Missstände hinweisen. Es folgt eine erstinstanzliche Verurteilung wegen ihrer Aussagen über Mohammed zu einer Geldstrafe von 24.000 Euro und eine bedingte Haftstrafe von drei Monaten. Für FPÖ-Vertreter ist das Urteil eindeutig ein „Skandalurteil einer Gesinnungsjustiz“ (Generalsekretär Herbert Krickl).[37]

Es sei grotesk, wenn Politiker nicht mehr vor den Folgen einer verfehlten Zuwanderungspolitik warnen dürften, insgesamt sei dies „ein weiterer Tiefpunkt in der kollektiv ausgerufenen Hetzjagd gegen die Freiheitlichen“. Auch das BZÖ (Ewald Stadler und Gerald Grosz) meldete sich zu Wort. Es müsse ebenso konsequent gegen die Verhöhnung christlicher Symbole vorgegangen werden, sie sahen eine latente Schädigung unserer Religion „unter dem Deckmantel der Kunst und Kultur“.[38]

VERNETZUNGEN

Apropos RFJ: Auch die Tiroler Abteilung der freiheitlichen Jugendorganisation fällt auf. Wenn sogar Landesparteiobmann Hauser von Rechtsradikalismus spricht[39], muss Eindeutiges vorgefallen sein. Der israelische Angriff auf Gaza Ende 2008 veranlasste die Jungrechten zu Zitaten wie: „Tyrannei und Mordlust des Israelischen Apartheidstaates“; „[...] welches das Existenzrecht dieser mittlerweile zur Atommacht herangewachsenen Siedlerkolonie in Frage stellt“; die Rede ist weiters vom „heutigen Unrechtsstaat Israel“; von „Theodor Herzl, der unsägliche schwarze Prophet des Grauens“ oder der „Siedlerkolonie Israel als Häscher des US-Imperialismus".[40] Dass der eine der Autoren – Thomas Maran – 2009 aus der Partei ausgeschlossen wird, ist das eine. Dass derselbe aber bereits in früheren Zeiten einschlägig auffällig war und dennoch im Herbst 2008 RFJ-Obmannstellvertreter wurde, das andere. Schon vor Jahren, lange vor dieser Wahl zum RFJ-Obmann, hatte Maran vorgeschlagen, Bücher von Marx, Engels oder Nietzsche „wie unter Hitler" zu verbrennen; Ausländer wurden als „Unkraut" bezeichnet und politische Gegner als „Volksschädlinge".[41]

Hetze gegen Mohammed ist nicht ausschließliche Domäne rechter Parteipolitik. Das bewies der Deutschland-Chef der Pius-Bruderschaft, Franz Schmidberger. Mohammed sei ein Kinderschänder gewesen, erklärt er in einem Interview mit SWR.[42] Schmidberger ist Vertreter jener Pius-Bruderschaft, zu der sich auch Ewald Stadler lange Zeit bekannte. Einer der Bischöfe dieser obskuren Organisation ist Richard Williamson – und der leugnet den Holocaust. Ein anderer Bischof dieser Bruderschaft meint, dass Völkermord an und für sich nicht verwerflich sei und Gaskammern lediglich der Desinfektion gedient hätten.[43]

Schließlich dürfe man nicht vergessen, dass es die Juden gewesen seien, die Christus umbrachten, das jüdische Volk habe also Mitschuld an seinem Tode, ergänzte Helmut Trutt, österreichischer Distriktsoberer der Pius-Brüder.[44] Dass Papst Benedikt XVI. die Pius-Bruderschaft des Marcel Lefebvre wieder aus der Exkommunikation in den Schoß der katholischen Kirche zurückgeholt hat, hat deshalb viele verwundert.

RECHTSPOPULISMUS IN DEN NACHBARLÄNDERN

Wie bereits erwähnt, sind rechtspopulistische Parteien kein spezifisch österreichisches Phänomen. Bei dieser Parteienfamilie finden wir ebenso nationale Besonderheiten und Unterschiede wie bei anderen Parteienfamilien – z. B. bei sozialdemokratischen, konservativen oder liberalen. Die Gemeinsamkeiten wurden weiter oben bereits angesprochen (z.B. immigration issue, EU, Antiamerikanismus). Der deutlichste Unterschied ist die jeweilige Positionierung in Bezug auf die historischen Vorbilder Faschismus und Nationalsozialismus. Die FPÖ und deren teilweise undifferenziertes NS-Bild begegnen uns immer wieder; die italienische MSI verbreitete bis Mitte der 1990er Jahre ein deutlich positives Bild des italienischen Faschismus (dieses wird seitdem von kleineren Parteien, etwa jener von Alessandra Mussolini, weiter transportiert). Vertreter des Front National haben mehrmals den Holocaust relativiert. Diese und ähnlich positive Bezüge zum Nationalsozialismus wird man bei der Dänischen Volkspartei ebenso wenig finden wie bei der Fortschrittspartei in Norwegen.

Trotz dieser Unterschiede kann von einer Parteienfamilie gesprochen werden – nicht zuletzt aufgrund der Tatsache, dass in zahlreichen inhaltlichen Punkten Übereinstimmung besteht und dass viele dieser Parteien versucht haben, im Europäischen Parlament eine gemeinsame Fraktion zu bilden.

SCHWEIZ

„Wir Schweizer sind immer mehr die Neger!“ lautete vor mehreren Jahren ein Wahlslogan der SVP (Schweizerische Volkspartei –*nicht* Südtiroler Volkspartei). Angesprochen auf den rassistischen Unterton, wurde das Wort „Neger“ gestrichen. Jede/r aber konnte die entsprechenden Assoziationen aus dem geänderten Slogan „Wir Schweizer sind immer mehr die …“ ziehen.

2007 gab es ein anderes Wahlplakat: Die Schweizer Fahne, darauf mehrere weiße Schafe, die ein schwarzes Schaf wegstoßen. Auch hier sind die Bilder eindeutig.

Die Schweiz hat mit der SVP eine sehr erfolgreiche rechtspopulistische Partei – es könnte aber sein, dass sich Teile dieser Partei selbst im Wege stehen. Nach der Wahl 2007 kam es zum Bruch: Nicht Christoph Blocher wurde in den Bundesrat (die Regierung) gewählt, wie es gemäß den bisherigen Gepflogenheiten der Fall hätte sein sollen, an seiner Stelle kam die gemäßigtere Eveline Widmer-Schlumpf (Graubünden) als Justizministerin zum Zug, ihr Parteikollege Samuel Schmid wurde Verteidigungsminister. Von Teilen der SVP als Affront empfunden, kam es zu heftigen internen Kämpfen, bis im Juni 2008 die Graubündner und Teile der Berner SVP aus der Partei ausgeschlossen wurden bzw. eine neue Partei – die BDP (Bürgerlich Demokratische Partei) – gründeten. Seit Dezember 2008 gibt es mit Ueli Maurer wieder einen echten SVP-Bundesrat. Maurer folgte Samuel Schmid, der sein Amt niedergelegt hat.

ITALIEN

In Italien ist es eine eigene Geschichte mit dem (Rechts-) Populismus. Silvio Berlusconi hat wiederholt unter Beweis gestellt, dass er das populistische Handwerk aus dem FF beherrscht, etwa gegenüber dem schwer verletzten polnischen Premier[45], mit Anspielungen auf die geistige Verfassung von Richtern in Italien oder dem bekannten Kapo-Satz zum deutschen Europaparlamentarier Martin Schulz im Juli 2003[46]. Silvio Berlusconis Partei ist im EU-Parlament übrigens – gemeinsam mit der ÖVP und anderen konservativen Parteien – in der „Fraktion der Europäischen Volkspartei (Christdemokraten) und europäischen Demokraten".
Übertroffen wird der Populist Berlusconi allerdings vom Rechtspopulisten Umberto Bossi und dessen Lega Nord. 2003 meinten Lega-Politiker, man solle auf Bootsflüchtlinge, die nur das Mittelmeer verschmutzten, schießen, bevor sie italienische Gewässer erreichten[47]; Bossi hetzt gegen „Ausländer und Drogenhändler" genauso wie gegen „Sklavenhalter und Kolonialisten" in Rom.[48]

FRANKREICH

In Frankreich ist der Front National untrennbar mit seinem Gründer Jean Marie Le Pen verbunden. Seit den 1970er Jahren steht er an der Spitze. Ob es gegen MigrantInnen geht oder darum, den Holocaust als „Detail der Geschichte des Zweiten Weltkrieges" zu bezeichnen, Le Pen ist ein Meister der rechten Sprüche. Für Aufmerksamkeit über Frankreichs Grenzen hinaus sorgte Le Pen 2002, als er bei der Präsidentschaftswahl in Frankreich in die Stichwahl mit

Jacques Chirac kam (und mit knapp 17% den sozialistischen Kandidaten Lionel Jospin übertrumpfen konnte). Häufiger musikalischer Begleiter von Le Pens Wahlauftritten ist übrigens der Gefangenenchor aus Verdis *Nabucco*.

POLEN

In Polen waren einige Zeit Samoobrona (Selbstverteidigung) und „Liga polnischer Familien" Beispiele für sehr erfolgreiche rechtspopulistische Parteien. Samoobrona trat mit Andrzej Lepper Anfang des Jahrtausends auf die politische Bühne, 2001 gelang der Einzug in das polnische Parlament, den Sejm. Bereits in den 1990er Jahren war Lepper mit seiner neuen Partei aktiv, er fiel häufig durch Rüpeleien und deftige Bauernproteste auf (ursprünglich lautete die Gruppe Samoobrona Chlopska – bäuerliche Selbstverteidigung). Im Juni 2004 konnte Samoobrona bei den Wahlen zum EU-Parlament mit knapp über 10% der Stimmen den vierten Platz erreichen. Beide Parteien profitierten von der erschreckend niedrigen Wahlbeteiligung bei dieser Wahl. Die 20,9% in Polen wurden nur von den 16,95% in der Slowakei unterboten.

Auch die „Liga polnischer Familien" entstand zu Beginn dieses Jahrtausends (2001). Die LPR steht für extrem reaktionäre Positionen, greift zu Antisemitismus ebenso wie zu Fremdenfeindlichkeit oder zu Angriffen gegen Freimaurer oder andere vermutete Feindbilder. Homosexuelle wurden immer wieder ins Gas oder zur Euthanasie gewünscht, auch deshalb schrieb die FAZ 2006 über die LPR „Neonazis in der Regierungspartei"[49].

Im Sommer 2005 wird ein Sommerfeuer in Form eines Hakenkreuzes abgebrannt, daneben standen junge Menschen, die Hand zum Hitlergruß erhoben. In der ersten Reihe Leokadia Wiacek, die Assistentin von Maciej Giertych, der wiederum 2005 Präsidentschaftskandidat der LPR war.[50] Aufregung in Polen, denn nicht nur das nächtliche Nazifest wirft ein bezeichnendes Licht auf die LPR, den Regierungspartner Kaczyńskis. Seit längerer Zeit kursieren solche und ähnliche Fotos von LPR-Funktionären mit Hitlergruß in der polnischen Öffentlichkeit.

Beide, Samoobrona und LPR, konnten nicht nur bei den EU-Parlamentswahlen 2004 von der niedrigen Wahlbeteiligung profitieren, sondern auch 2005 bei den Parlamentswahlen in Polen. Damals erreichte Samoobrona 11,4% (54 von 460 Mandaten) und LPR 7,9% (34). 2007 verschwanden beide wieder aus dem Sejm. Im Mittelpunkt dieser Neuwahlen im Herbst 2007 stand die Frage, ob Polen weiterhin einen EU-kritischen Kurs mit den beiden Kaczyński-Brüdern gehen werde oder aber der pro-EU-Kandidat Tusk und mit ihm die liberale Bürgerplattform PO eine Mehrheit erringen würde. Die Wahlbeteiligung stieg (auch deshalb) deutlich an – von 40% 2005 auf 54% 2007. Und die Rechtspopulisten sanken in der Gunst der Wähler: Es gab 1,3% für LPR und 1,5% für Samoobrona.

NORWEGEN

In Norwegen gibt es seit längerer Zeit die Fortschrittspartei (Frp – Fremskrittspartiet), in Dänemark die Dänische

Volkspartei. Beide gelten als eher gemäßigt unter den rechtspopulistischen Parteien.
Seit den 1970er Jahren war Carl Ivar Hagen Obmann der norwegischen Frp, bis er 2006 als Obmann zurücktrat. „Was ist los im Kuwait des Nordens?“, fragte der *Spiegel* nach der Wahl von 2005[51], als die Fortschrittspartei 22% der Stimmen und damit 38 von 169 Sitzen im Parlament (Storting) erreichte. Dies war ein Plus von mehr als 7% gegenüber 2001 (und ein Plus von 12 Sitzen) und der zweite Platz hinter den Sozialdemokraten. Norwegen, auch auf Grund der Ölvorkommen eines der sehr reichen Länder der Erde, wählte zu einem hohen Prozentsatz eine rechtspopulistische Partei. Diese versprach nicht nur, das Vermögen aus den Öleinnahmen im Land zu lassen, sondern auch, soziale Probleme wie schlechte Altersversorgung lösen zu wollen. Die Frp ist moderater als ihre rechtspopulistischen Schwestern in Österreich, der Schweiz oder Belgien. Was Carl Ivar Hagen besser als andere konnte, war sein Betonen der Nöte und der Unzufriedenheiten der so genannten „kleinen Leute“. Ressentiments gegen Ausländer gibt es nach wie vor, Sozialstaatsdenken wird kombiniert mit rechtspopulistischer Ausländerfeindlichkeit und Antiislamismus: Der Koran sei gleich einzustufen wie Hitlers *Mein Kampf*, Carl Ivar Hagen habe Worte gefunden, „die selbst seine früheren Aussagen über andere Kulturen weit in den Schatten stellen“, schreibt die *taz*[52]. Gut möglich, so Hagen, dass auch Mohammed – wie Jesus – gemeint habe, man solle die Kinder zu ihm lassen. Allerdings wohl nur, damit er sie in seinem Kampf, die Welt zu

erobern, ausnutzen könne. Das Eroberungskonzept des Islam sei ähnlich wie jenes der Nazis, so Hagen weiter, und die Moslems seien dabei, dieses umzusetzen. Karina Udnaes von der Frp meinte ergänzend, es sei höchste Zeit, in Europa die Ideologie und Ausübung des Islam zu verbieten – so wie das mit dem Nationalsozialismus geschehen sei.

DÄNEMARK

Die Dänische Volkspartei (DF) ist seit 1998 im Parlament (Folketing) vertreten, damals erreichte sie 13 Mandate (von 175); 2001 wurden es 22, 2005 24 und 2007 25. Pia Kjaersgaard und die DF setzen auf das „Ausländerthema", und forderten z. B., Menschen aus nichteuropäischen Ländern müssten – wenn sie in Dänemark leben wollen – zuhause dänisch sprechen.[53] Die DF konnte u.a. nach 9/11 punkten, aber auch der Karikaturenstreit brachte ihr (moderate) Zugewinne. Einwanderer aus muslimischen Ländern werden in erster Linie als islamische Fundamentalisten gesehen, Zuwanderung und Kriminalität werden (wie auch andernorts) miteinander verknüpft, und dass der Islam eine faschistische politische Ideologie sei, war ebenso schon zu vernehmen.[54]

RECHTSPOPULISTEN IM EU-PARLAMENT

Im Jahr 2007 versuchten die rechten Fraktionslosen im EU-Parlament eine eigene Fraktion zu bilden. 20 Abgeordnete waren dafür nötig, mit Rumänien und Bulgarien

kamen Anfang 2007 neue Abgeordnete ins EU-Parlament, darunter einige von Ataka (Bulgarien) und von Romania Mare. Andreas Mölzer (FPÖ) war ebenso dabei wie Vertreter des Front National (Bruno Gollnisch wurde Fraktionsvorsitzender), von Vlaams Belang, Fiamma Tricolore oder Alternativa Sociale, der Liste der Mussolini-Enkelin Alessandra Mussolini. Sie wollten für nationale Identität ebenso eintreten wie gegen eine EU-Verfassung.
Lange dauerte die rechtspopulistische Harmonie nicht, bereits im November 2007 kam das Aus: Nachdem Alessandra Mussolini Rumänen in Italien einen kriminellen Lebensstil unterstellt hatte, verließen die Romania-Mare-Abgeordneten die ITS (Identität-Tradition-Souveränität) und der Fraktionsstatus war nicht mehr gegeben.

DIE WAHL ZUM EUROPÄISCHEN PARLAMENT 2009

Seit 1979 werden die Abgeordneten des EU-Parlaments für eine 5-jährige Legislaturperiode direkt gewählt; im Juni 2009 fand die jüngste Wahl statt. Die Europäischen Sozialdemokraten (PES) erlebten eine deutliche Niederlage, die Europäischen Grünen verzeichneten Gewinne und die Volksparteien konnten trotz geringer Verluste ihre Spitzenposition halten.
Unterschiedlich war das Abschneiden der rechtpopulistischen Parteien. In Finnland konnten die PS (Perussuomalaiset/Wahre Finnen) – sie waren auf einer Liste mit den Christlichen Fundamentalisten angetreten – 14% der Stimmen erringen, Parteichef Timo Soini bekam 130.000 Vorzugsstimmen. In Ungarn konnte Jobbik

(Slogan „Ungarn den Ungarn"), die Bewegung für ein besseres Ungarn, 15% der Stimmen erringen. Jobbik – nach Selbsteinschätzung „prinzipientreu, konservativ, radikal patriotisch, christlich", andere meinen, die Partei hetze gegen Roma, Ausländer und Juden– ist der politische Arm der Ungarischen Garde und wird im *Pester Lloyd* vom 25.5.2009 folgendermaßen beschrieben: „Daher sind sie keine Nazis, nur ganz normale ungarische Faschisten, die auf ihre Chance warten. Diese liegt vor allem auch in ihrer Verharmlosung und in der Naivität des Bürgers. Es ist nicht wichtig, sie als Nazis zu titulieren. Es ist wichtig, ihnen den Boden zu entziehen, den sie vergiften wollen."
Die dritte relativ neue Gruppierung ist die niederländische Freiheitspartei von Geert Wilders. Er bekam mit 17% sogar noch etwas mehr Prozentpunkte. Nicht neu, aber neu im EU-Parlament, sind die britischen Hardliner von der BNP (British National Party).
Daneben finden wir einige altbekannt rechtspopulistische Parteien, die ihre Stimmenanteile verbessern konnten: Die FPÖ vom Tiefstand 2004 (6,2%) auf über 13%; die Lega Nord von 5% auf 10%; die Dänische Volkspartei von 6,8% auf 14,8% oder die bulgarische Ataka, die mit zwei Abgeordneten ins EU-Parlament einzog (2004 war Bulgarien noch nicht EU-Mitglied). Andere wiederum verloren teilweise dramatisch: Der Vlaams Belang fiel von 15% auf 10% zurück, der Front National von 9,8% auf 6,5%. Die deutlichsten Verluste verzeichneten die polnische Samoobrona und die Liga polnischer Familien. Hatten sie 2004 noch 6 bzw. 10 Mandate, so endete die Wahl 2009 für beide mit einem Fiasko: Samoobrona kam auf 1,5%;

die Liga polnischer Familien im Parteienbündnis Libertas auf magere 1,1%.

So gesehen ist das Ergebnis der rechtspopulistischen Parteien bei dieser Wahl durchaus unterschiedlich. Insgesamt sind die Rechtsausleger aber gestärkt aus dieser Wahl hervorgegangen. Die Frage ist, inwieweit eine neue Rechtsfraktion entstehen wird bzw. kann. Dafür sind mittlerweile 25 Abgeordnete aus mindestens sieben Ländern nötig. Quantitativ wäre dies also kein Problem, bleibt offen, ob auch inhaltlich ein Konsens gefunden werden kann. 2007 war es mit dieser Eintracht jedenfalls sehr rasch wieder vorbei.

RECHTSPOPULISMUS – WAS TUN?

Grundsätzlich muss bei der Frage, was nun konkret gegen Rechtspopulismus getan werden kann, zwischen Rechtspopulismus und Rechtsextremismus, zwischen harten und weichen Varianten unterschieden werden. Zur härteren Variante zählt der Vorfall in Ebensee Anfang Mai 2009. Die Feierlichkeiten zur Erinnerung an die Befreiung des Mauthausen-Außenlagers Ebensee werden von Jugendlichen gestört, ehemalige KZ-Häftlinge mit Plastikkugeln beschossen und mit Hitlergruß angepöbelt. Nach der ersten Empörung spricht Innenministerin Fekter von gegenseitigen Provokationen und meint damit vermutlich aber nicht Provokationen von ehemaligen KZ-Häftlingen. Oder doch?

Das wirkliche Problem ortet Ariel Muzicant, Präsident der Israelitischen Kultusgemeinde, aber nicht bei dieser Aktion, sondern im gesellschaftlich tolerierten Bereich: „Das wirkliche Problem ist die FPÖ und wie sie alle Tabus und Grenzen überschreitet.“[55] Und – so könnte man ergänzen – bei jenen VertreterInnen anderer Parteien, die der FPÖ das jeweilige Podium anbieten. Dessen Chef, Heinz-Christian Strache, verbreitet im Zusammenhang mit Ebensee antiquierte Erziehungsmethoden: Lausbuben seien es gewesen, man solle nun aber nicht „mit Atombomben auf Spatzen werfen“, sondern die Betreffenden bei den Ohren ziehen und ihnen eine „ordentliche Tachtel“ geben, anstatt sie „wochenlang in U-Haft“ zu nehmen.[56]

Damit sind wir bei der weichen, akzeptierten Variante: Wie jenem Vorfall in Serfaus in Tirol, wo im Frühjahr 2009 eine Vermieterin einer Wiener Familie ausrichten lässt, dass sie ihre Appartements nicht an Juden vermiete – sie habe da schlechte Erfahrungen gemacht; habe das aber immerhin höflich mitgeteilt. Und dem Bürgermeister der betreffenden Gemeinde fällt dazu nur die Ungeheuerlichkeit ein, dass man in Betracht ziehen müsse, „dass es Probleme geben kann, wenn in einem Haus gleichzeitig Juden und andere Gäste wohnen."[57]

DAS VERBOTSGESETZ

Gegen die harte Form von Rechtsextremismus und Neonazismus helfen juristische Maßnahmen. Es gibt das Verbotsgesetz und es gibt die Möglichkeit, gegen entsprechende Verstöße gerichtlich vorzugehen, auch wenn von verschiedenen Seiten mit unterschiedlichen Argumentationen betont wird, dass das Verbotsgesetz eigentlich überflüssig sei. Einerseits mit dem Argument, dass unsere Demokratie durchaus stark genug sei, mit Neonazismus und Rechtsextremismus auch ohne Verbote fertig zu werden oder weil damit Märtyrer geschaffen würden. Andererseits mit der Argumentation von rechter Seite (vom RFJ oder anderen Repräsentanten der FPÖ – bis hinauf zum Parteichef), die mit dem Argument der Meinungsfreiheit operiert.[58] Dabei wird allerdings übersehen (bzw. ignoriert), dass es bei Verstößen gegen das Verbotsgesetz nicht um Meinungsfreiheit geht, sondern um die Wiederbelebung einer verbrecherischen Ideologie bzw. um die

Leugnung der NS-Verbrechen, und diese haben mit Meinung nichts zu tun, sondern sind eine Verhöhnung der Opfer des NS-Regimes.
Gesetze können also wirken, aber nicht gegen den Graubereich, in dem alles, was nicht ausdrücklich verboten ist, als erlaubt und politisch zulässig angesehen wird.

DAS AUFBRECHEN VON TRADITIONEN

Ein weiterer Ansatzpunkt für Gegenstrategien sind die politischen Traditionen.
Ein Beispiel dazu: Antisemitismus war im faschistischen Italien eines Mussolini auch ein Thema. Er versuchte, seinem Idol Hitler nachzueifern und die Nürnberger Rassengesetze auch in Italien durchzuziehen. Nach der Besetzung durch die Deutsche Wehrmacht (1943) wurden viele italienische Juden deportiert und ermordet. Insgesamt aber war der Antisemitismus in Italien deutlich weniger ausgeprägt als in Deutschland, Österreich oder Polen. Das wird u.a. auf das Fehlen einer Tradition des Antisemitismus in Italien zurückgeführt.[59] So sehr Mussolini und mit ihm doch einige andere versuchten, den Holocaust auch in Italien durchzuführen, so sehr scheiterten sie mit diesem Verbrechen an der Tatsache, dass der Großteil der ItalienerInnen kein Interesse an dieser extremen Form des Antisemitismus hatte.
Gibt es also keine Tradition für bestimmte (politische) Vorhaben, so können diese nur sehr schwer umgesetzt werden. Wenn Rechtspopulismus populär ist, so gibt es auch eine Tradition dieser Form der Agitation. Diese ist in

Österreich zweifellos vorhanden. Ein Ansatzpunkt kann demnach sein, dieser Tradition des Rechtspopulismus das Wasser abzugraben.
Traditionell wird in Österreich der Nationalsozialismus verharmlost. Nicht vom Großteil der politischen und gesellschaftlichen Elite, nicht von Universitäten, nicht vom Mainstream der Religionsgemeinschaften. Aber es gibt immer noch genügend Einzelfälle, die ihrerseits sehr wohl Gewicht haben. John Gudenus wurde bereits genannt. Zahlreiche andere (nicht nur aus den FPÖ/BZÖ-Reihen) könnten ebenso genannt werden. Beispielhaft kann der schlampige Umgang mit der eigenen Vergangenheit an den bilateralen Maßnahmen des Jahres 2000 aufgezeigt werden. Damals – es war der 4.2.2000 – wurde die Haider-FPÖ Regierungspartei. Eine Partei, deren Obmänner Nr. 1 – Reinthaller – und Nr. 2 – Peter – ehemalige SSler waren und deren damaliger Obmann – der mittlerweile verstorbene Haider – ein wenig distanziertes Bild des Nationalsozialismus hatte. Krumpendorf (1995; Auftritt Haiders vor ehemaligen Angehörigen der Waffen-SS) und ähnliche Ereignisse zeigen das deutlich auf. Anfang 2000 wurde diese Partei Regierungspartei und in kürzester Zeit entstand in Österreich eine Art von kollektivem Populismus, der nur mehr zwei Seiten kannte: Wer nicht für uns ist, ist gegen uns.
Es ist ein österreichischer Reflex, auf Kommentare von außen mit einer Verteidigungshaltung zu reagieren. Die Insel der Seligen[60], als die Papst Paul IV. in den 1970er Jahren Österreich bezeichnet hatte, bekommt immer dann Schrammen, wenn es um das Verhältnis zum Nationalso-

zialismus geht. Oder aber wenn Neonazismus im Spiel ist. Das zeigt sich beispielhaft in zwei deutlich unterschiedlichen Fällen:

In den 1980er Jahren wurde das in der Kontroverse um Kurt Waldheim sichtbar. In solchen Fällen ist die Reaktion in Österreich häufig Verteidigung. Kurt Waldheim wurde (speziell von seiten der ÖVP) verteidigt, „jetzt erst recht", hieß die Devise.

Zu Beginn der 1990er Jahre wurde Gottfried Küssel der Prozess gemacht. Bei Gottfried Küssel war schon lange Jahre vorher bekannt, welche Einstellung er zum Nationalsozialismus hatte, er hatte aus seiner Sympathie für diese Ideologie kein Geheimnis gemacht. Es musste aber erst ein Interview in einem US-Fernsehsender ausgestrahlt werden, in dem Küssel betonte, dass er die NSDAP wiederbeleben wolle, damit österreichische Gerichte einschritten. In diesem Fall war Verteidigung beim besten Willen nicht mehr möglich – das Ansehen im Ausland schien in Gefahr.

Diesen Traditionen, diesem schlampigen Umgang mit der NS-Vergangenheit gilt es entgegenzutreten. Das ist allerdings ein Langzeitprogramm. In Österreich wird häufiger ein anderer Weg eingeschlagen. Kurzfristig herrscht Empörung (z.B. über John Gudenus) und dann wird wieder der Mantel des Vergessens darüber gebreitet, eine Art kollektive Amnesie entsteht.

EINE GEWAGTE METHODE – REGIERUNGSBETEILIGUNG

Eine andere Variante, vor allem rechtspopulistischen Parteien ihre Grenzen aufzuzeigen, wäre, sie mit Regierungsbeteiligung zu beauftragen. Allerdings führt diese Alternative – wie in Österreich unschwer zu sehen war – zu problematischen Begleiterscheinungen. Dass rechte Akteure dann, wenn sie an die Verteilungsstellen kommen, ungeniert agieren und sich die geeigneten Brocken herausgreifen (möchten), wurde in den Jahren nach 2000 eindrucksvoll unter Beweis gestellt.

Einen Beleg dafür liefert die entsprechende Liste von Christoph Chorherr.[61] Minutiös listete er im Jahr 2006 die konkreten Fälle auf, von Seibersdorf (u.a. die Burschenschafter Martin Graf und Hans Rinnhofer von der Olympia oder Arnulf Helpersdorfer von der Gothia) über das Sozialministerium (wer erinnert sich noch an die falsche Magistra Ute Fabel?) bis zu ÖBB, Asfinag oder Austrocontrol (Matthias Reichhold). Der Fall Reinhard Gaugg schaffte es sogar bis in die *Berliner Morgenpost*. Der *Falter* schreibt dazu: „Unverdrossen hatten Haupt, Haider & Co versucht, den Privilegienritter Gaugg in die PVA hineinzupressen, obwohl der alle Sünden begangen hatte, die von der FPÖ als Oppositionspartei verboten worden waren."[62] Gauggs Politkarriere endete 2002 abrupt mit einer nächtlichen Alkoholkontrolle.

Außerdem kann eine Regierungsbeteiligung rechtspopulistischer Parteien zu einem Rechtsruck von Mitte-Parteien führen. Dieser Rechtsdrall kann aber auch durch die alleinige Präsenz (erfolgreicher) rechtspopulistischer Parteien ausgelöst werden.

Wenn rechtspopulistische Parteien an der Regierung beteiligt sind, so führt dies häufig zumindest zu schlechteren Wahlergebnissen. Beispiele dafür sind die FPÖ in den Jahren 2000 bis 2005, die Liste Pim Fortuyn (LPF) in den Niederlanden 2002/2003 oder die Lega Nord in Italien 2001. Bei der LPF muss allerdings berücksichtigt werden, dass nach der Ermordung des Parteileaders Pim Fortuyn zwar 2002 ein triumphaler Erfolg eingefahren werden konnte, nach knapp drei Monaten Regierungskoalition (mit LPF) diese aber zerbrach und die LPF in der Versenkung verschwand. Ein Gegenbeispiel ist jedoch die Schweiz, in der die SVP trotz Regierungsbeteiligung erfolgreich ist. Allerdings muss hier die speziell schweizerische Form des Regierens berücksichtigt werden. In der Schweiz sind seit 1959 die vier stärksten Parteien (FDP, SP, CVP und SVP) in der Regierung vertreten; 2008 kam es zur oben bereits erwähnten Änderung, als Widmer-Schlumpf aus der SVP ausgeschlossen wurde und seitdem als BDP-Vertreterin im Bundesrat sitzt.

Wenn nun die Einbindung rechtspopulistischer Parteien in Regierungen eine mit erheblichem Risiko behaftete Variante ist, könnte eine andere risikofreier sein: Es ginge dabei darum, diesen Parteien nicht das Monopol auf bestimmte Themen zu überlassen, sondern diese offensiv selbst zu besetzen. Das bedeutet aber nicht, rechtspopulistische Parteien rechts zu uberholen, sondern politische und gesellschaftliche Problembereiche anzusprechen und zu versuchen, Lösungen zu finden.

Andere Ebenen der Vorbeugung gegen Rechtspopulismus sind die mediale und die gesellschaftliche.

DER ÖSTERREICHISCHE MEDIENMARKT

Die Grundlinien der österreichischen Medienlandschaft können als bekannt vorausgesetzt werden. Insgesamt herrscht hier eine massive Medienkonzentration. Qualitätswochenzeitungen bzw. -zeitschriften haben eine beschränkte Reichweite, auf dem Tageszeitungsmarkt ist es ähnlich. Die *Kronen Zeitung* steht an der Spitze, *Österreich* folgt weit dahinter (die Frage, welche Qualität die beiden Zeitungen liefern, kann täglich aufs Neue beurteilt werden). Und im ORF steht politischer Einfluss, egal aus welcher Richtung, auf der Tagesordnung.

Solange in Medien gedankenlos gegen Ausländer und andere Minderheiten geschrieben (oder gehetzt) werden kann, ist es nicht verwunderlich, dass KonsumentInnen entsprechende Standpunkte vertreten. Anfang der 1990er Jahre war in der *Kronen Zeitung* eine aussagekräftige Karikatur zu finden: Ein kleiner Österreicher, erkennbar an Trachtenoutfit und Gamsbarthut – sah sich zwei überdimensional großen Ratten gegenüber, auf deren Rücken die Worte „Ausländer“ und „Kriminalität“ zu lesen waren. Den Hauspoeten Wolf Martin zu zitieren würde dessen Abstrusitäten überbewerten, ein Richard Nimmerrichter alias Staberl war in früheren Zeiten aktiv. Wie die *Kronen Zeitung* Gunst und Verachtung verteilt, kann anhand von Faymann einerseits, Busek andererseits aufgezeigt werden. Der eine wird nach dem EU-Volksabstimmungs-Kniefall-Leserbrief von Juli 2008 umjubelt, der andere systematisch diskreditiert. Die „konzertierten Aktionen“ der *Kronen Zeitung* hat Erhard Busek in der Dokumentation „Tag für Tag ein Boulevardstück“ sehr deutlich beschrieben. Das gab es früher schon – favorisierte Feindbilder der *Kronen Zeitung* waren z.B. Rudolf Scholten, Caspar Einem oder Heide Schmidt.

DAS GESELLSCHAFTLICHE UMFELD

Bleibt die gesellschaftliche Ebene. Begehen in Österreich Jugendliche rechtsextrem motivierte Taten, dann wird schnell auf die Schule verwiesen, sie solle die Verantwortung übernehmen, dieses Problem zu lösen. Als maskierte Jugendliche im Mai 2009 die Befreiungsfeierlichkeiten im KZ Ebensee stören, wird sofort wieder die Notwenigkeit des Unterrichts gegen Faschismus (und für Demokratie) betont.

Es besteht dabei eine Tendenz, Rechtsextremismus auf Jugendliche zu reduzieren und die Erwachsenenwelt, in der Jugendliche aufwachsen, zu vergessen bzw. zu ignorieren. Dass aber Rechtsextremismus und Rechtspopulismus alles andere als ausschließlich ein Jugendphänomen sind, beweisen oben zitierte Beispiele. Deshalb muss auch hier die Gesellschaft als Ganzes betrachtet werden, darf nicht auf die Erwachsenenwelt vergessen werden. Auch dazu ein Beispiel: Als im Sommer 1992 in Rostock-Lichtenhagen vorwiegend Jugendliche Ausländerwohnheime anzündeten, wurden sie von herumstehenden erwachsenen BeobachterInnen aufgemuntert und beklatscht. Damals stellte sich – einmal mehr – die Frage, wer für diese Straftaten verantwortlich war. Ausschließlich die Jugendlichen, die tatsächlich das Feuer legten? Oder eventuell auch die herumstehenden, belustigten und anfeuernden

Erwachsenen? Oder eventuell auch jene, die vor den Fernsehern in den eigenen vier Wänden dem hetzerischen Treiben wohlwollend zusahen?
Das wirft die alte Frage dach Tätern und Schreibtischtätern auf. Ein in diesem Zusammenhang bemerkenswertes Urteil fällte ein Innsbrucker Richter Anfang der 1990er Jahre: Am 9.11.1988, 50 Jahre nach 1938, wurde auch in Innsbruck der Opfer des Novemberpogroms gedacht. In Innsbruck waren damals, 1938, vier Juden ermordet worden – sehr viele für die ganz kleine absolute Zahl an Juden, die in diesen Tagen noch in Innsbruck gelebt hatten. Anton Pelinka hielt am 9.11.1988 eine Rede, in der er die Verbrechen des Novemberpogroms ansprach. Man müsse, so Pelinka, die Personen beim Namen nennen, die in der Nacht vom 9.11. auf 10.11.1938 in Innsbruck gewütet hatten. Für die Verbrechen verantwortlich war nicht irgendein abstrakter Ungeist, es waren Personen, Organisationen und Traditionen: „... diese Personen, teilweise auch Organisationen, jedenfalls aber Traditionen haben selbstverständlich 1945 überlebt, sind auch heute noch immer wieder spürbar.“[63]
Den NS-Bürgermeister von Innsbruck, Egon Denz, bezeichnete Pelinka als prominenten Täter des Jahres 1938. Er kritisierte auch, dass Denz – als einer von vielen – nach 1945 seine politische Karriere fortsetzen hatte können, als wäre nichts geschehen.
Pelinka wurde von Elmar Denz, dem Sohn des angesprochenen NS-Bürgermeisters, geklagt. Pelinka wurde freigesprochen. Der Richter stellte in seiner Urteilsbegründung fest, dass Denz als Bürgermeister von Innsbruck die

Pflicht gehabt hätte, sich von den Ereignissen und Taten entschieden zu distanzieren. Denz aber sei nachher in der Ranghierarchie weiter aufgestiegen, es sei also nur der Schluss zulässig, dass Denz die Geschehnisse in dieser Nacht gutgeheißen habe. Täter seien auch jene Personen, „die persönlich für die Etablierung und Aufrechterhaltung des offenen NS-Unrechtsregimes eingetreten sind. Ein solcher Täter war Dr. Denz jedenfalls, auch wenn ihm keine Rohheitsakte nachgewiesen werden konnten, die er eigenhändig verübt hat.“[64] Auch in der Berufungsverhandlung am 24.7.1991 wurde Pelinka – damit rechtskräftig – freigesprochen. Der Richter betonte in der Berufungsverhandlung, er habe keinerlei Bedenken, sich der Täterdefinition der ersten Instanz anzuschließen.

Täter also sind auch jene, die vom Schreibtisch aus agieren. Täter sind ebenso jene, die zusehen und applaudieren – wie in Rostock-Lichtenhagen. Und wenn dem so ist, kann auch die Vorbeugung gegen Rechtsextremismus bzw. Rechtspopulismus nicht ausschließlich bei den Jugendlichen ansetzen, die Brandsätze zünden.

RASSISMUS

Österreich ist Fußballweltmeister: Vor wenigen Jahren wurde eine österreichische Fußballmannschaft tatsächlich Fußballweltmeister. Als im Jahr 2003 in Graz der „Homeless World Cup" ausgetragen wurde, trat die österreichische Mannschaft mit – zufällig ausschließlich schwarzen – Asylwerbern aus Afrika an und wurde Weltmeister. Diese Weltmeisterschaft findet seither jedes Jahr statt, 2009 in Mailand.

Anfang Mai 1999 wurde Marcus Omofuma aus Österreich abgeschoben. Im Flugzeug starb er. Ihm war – weil er angeblich randaliert hatte – der Mund verklebt worden. Wenige Tage später war dieser Todesfall Thema einer Debatte im Nationalrat und im Laufe dieser Debatte meinte Helene Partik-Pablé (damals FPÖ): „Erkundigen Sie sich doch einmal bei den Beamten über die Art der Schwarzafrikaner! Sie schauen nicht nur anders aus, wie Sie heute gesagt haben, sondern sie sind auch anders, und zwar sind sie ganz besonders aggressiv. Das liegt offensichtlich in der Natur dieser Menschen."[65]

Sie hat damit ein treffendes Beispiel für rassistische Argumentation geliefert.

Rassismus geht von einem sozialen Konstrukt aus. Es wird dabei eine Gruppe von Menschen aufgrund bestimmter Gemeinsamkeiten als zusammengehörig bezeichnet, dieser Gruppe werden dann negative Eigenschaften zugesprochen und diese negativen Eigenschaften werden biologisch begründet. Beim oben zitierten Beispiel von Helene

Partik-Pablé sieht das genauso aus: Die Schwarzafrikaner werden als homogene Gruppe definiert – der Begriff „Neger“ wird von ihr nicht mehr verwendet, was in ihrer späteren Partei, dem BZÖ, 2009 noch nicht Allgemeingut ist – und dieser Gruppe wird besondere Aggressivität unterstellt, also eine hier eindeutig negative Eigenschaft. Diese negative Eigenschaft wird, drittens, als angeboren, damit als genetisch bedingt beschrieben. Dieses Angeborensein, diese biologische Bedingtheit von negativen Eigenschaften, ist fatal. Jene, die von rassistischen Diskriminierungen betroffen sind, können damit von sich aus nichts an diesem Zustand ändern. Es gilt die Zuschreibung von außen, von jenen, die die Definitionsmacht besitzen, von jenen, die (negative) Eigenschaften zuschreiben. Wenn Schwarze aufgrund ihrer Hautfarbe diskriminiert werden, so wird sich an dieser Diskriminierung so lange nichts ändern, solange die Zuschreibungen aufrechterhalten werden. Diese Zuschreibungen können dann weiter verstärkt werden – von Medien ebenso wie durch den politischen bzw. gesellschaftlichen Diskurs.

Apropos politischer Diskurs: 2009, es stehen Landtagswahlen in Kärnten an, gibt der Kärntner Landeshauptmann Dörfler eine Pressekonferenz. Und bei dieser Pressekonferenz erzählt er (offenbar um lustig und witzig zu wirken) einen rassistischen Witz; es geht dabei um eine weiße Mutter und eine „Negermama“ und deren Babys. Da niemand diesen Witz besonders lustig findet, schiebt Dörfler nach und meint gegenüber der APA: „Sollen wir jetzt in Kärnten auch das Kinderbuch ‚Zehn kleine Negerlein‘ verbieten lassen?“.[66]

Es geht noch tiefer: Es ist Fasching und auch in Kärnten wird dieser gefeiert. Der Landeshauptmann ist mit zwei als „Negermamas" verkleideten Männern zu sehen und dabei, an den ausgestopften Brüsten zu trinken. Wenige Tage später ist Landtagswahl und das BZÖ kann – mit diesem Landeshauptmann – einen fulminanten Wahlsieg einfahren. Schwer, sich andere Landeshauptleute bei derart geschmacklosen öffentlichen Auftritten vorzustellen.

INSTITUTIONELLER RASSISMUS

Rassismus ist allerdings mehr als diese offene, plakative Variante. Grundsätzlich gibt es neben dem individuellen – und Dörfler liefert dafür gute Beispiele – einen institutionellen Rassismus.

Der Begriff „institutioneller Rassismus“ stammt aus der Zeit der Black-Power-Bewegung in den USA der 1960er Jahre. Die britische Commission for Racial Equality betonte 1985, institutioneller Rassismus „richtet das Augenmerk auf die strukturellen Mechanismen von Institutionen, die Angehörige ethnischer Minderheiten ungeachtet der Einstellungen Einzelner ausschließen“. Institutioneller Rassismus wirkt damit durch die „normalen Mechanismen des Systems“.[67] Dies geht also über die individuellen Vorurteile und Handlungen Einzelner hinaus.

Als institutioneller Rassismus werden aber auch rassistisch motivierte Taten von VertreterInnen öffentlicher Einrichtungen verstanden – etwa die immer wiederkehrenden Misshandlungen von Schwarzen durch PolizistInnen.

Das diesbezügliche Bild ist düster: Marcus Omofuma wurde während der Abschiebung misshandelt und starb an den Folgen. Cheibani Wague erstickt, weil er mit Füßen am Boden festgehalten wird. In der deutschen Wochenzeitung *Die Zeit* beschreibt Florian Klenk dieses Faktum und listet weitere Fälle auf, vom Kurden Binali I. bis zum Rom Imre B. und zur brutalen Misshandlung des Schwarzen Bakary J. – er war 2006 von Polizisten in einer Lagerhalle zusammengeschlagen worden. Klenk sieht drei Ursachen für diese Form des Rassismus: einerseits den *Kottan-Effekt*:

„Wiens Polizisten sind unprofessionelle, aber von sich selbst überzeugte Stümper. Ihre Chefs sind überfordert, mediengeil – und sie werden kaum zur Verantwortung gezogen.“[68] Zweitens, der *Lainz-Schwestern-Effekt*: „Auch die wohlmeinendsten Menschen – etwa Krankenschwestern – drehen durch, wenn ihnen die Gesellschaft die schlimmsten Extremsituationen aufbürdet, ohne sie dafür ausreichend auszubilden und zu kontrollieren. Uniformierte müssen nicht nur täglich Leib und Leben für die Bürger riskieren, sie werden dafür auch noch schlecht bezahlt. Supervision gibt es für diese Beamten nicht. Wer Ängste offen eingesteht, gilt als ‚Weichei‘. Das produziert Frust, der selten, aber doch, in kriminelle Energie umschlägt.“[69] Und schließlich, drittens, das *Kardinal-Groer-Prinzip*: „Selbst auf schwerste Verfehlungen folgen Verharmlosung und Corpsgeist“.[70]

KULTUR STATT RASSE

Neben den angesprochenen Varianten des institutionellen bzw. individuellen Rassismus gibt es eine weitere Form, den kulturellen Rassismus. Hier wird der seit dem Nationalsozialismus in der deutschen Sprache eindeutig negativ besetzte Begriff „Rasse" nicht mehr verwendet, anstatt dessen ist die Rede von Kultur. Es geht vordergründig nicht mehr um die angeborene Minderwertigkeit und Negativität, die den anderen zugeschrieben wird, es geht um Kultur, um kulturelle Identität und kulturelle Kompatibilität.

Dieser Ansatz ist in erster Linie in der Diskussion um AusländerInnen zu finden. Häufig geht es dabei um Fragen von Integration, Assimilierung oder Ethnizität. Nicht mehr angeblich genetisch bedingte Minder- bzw. Höherwertigkeit ist der Punkt, sondern die Zugehörigkeit zur jeweils eigenen Ethnie und damit die Inkompatibilität mit anderen Ethnien: Anfang der 1990er Jahre trat die FPÖ Tirol mit dem Slogan „Tirol den Tirolern" zur Landtagswahl an. 2008 warb das BZÖ mit „Österreich den Österreichern". Beide Slogans (und viele ähnliche mehr, von „Deutschland den Deutschen" bis „Dänemark den Dänen") sind ausschließend. Kann man Deutsche, Österreicher oder Dänen zwar rechtlich als entsprechende StaatsbürgerInnen eines Landes festmachen, so ist der Slogan „Tirol den Tirolern" etwas anders zu sehen.

„Tirol den Tirolern" suggeriert, es gäbe so etwas wie eine/n echte/n Tiroler/in (die Bundesländerzugehörigkeit ist durchaus austauschbar). Dieses Konstrukt setzt voraus, dass die Adressaten genaue Assoziationen über „TirolerInnen" haben. Oder – wie es ein Bürgermeister bei einer Diskussionsveranstaltung definierte – ein/e TirolerIn ist, wer wie ein/e TirolerIn denkt und fühlt.

Damit sind wir beim Kern der Sache. Es geht um vermutete, zugeschriebene Eigenschaften, nicht um verbindliche Zuordnungen. Verbindlich wäre eine Staatsbürgerschaft (in diesem Fall Landesbürgerschaft), unverbindlich und je nach Belieben zuordenbar sind Eigenschaften à la „wer wie ein/e TirolerIn denkt und fühlt". Dabei werden diese Eigenschaften nicht näher beschrieben, sondern bleiben oberflächlich. Die Zuordnung muss vage bleiben, um greifen zu können. Würde z.B. die Abstammung herangezogen, könnten bestimmte Personen als echte bzw. unechte TirolerInnen definiert werden. Bischof Manfred Scheuer wäre ebenso wenig Tiroler wie der frühere Landeshauptmann Herwig van Staa – beide wurden in Oberösterreich, damit eindeutig nicht in Tirol geboren. Auch die Sprache kann nicht als gemeinsames Kriterium gelten – Sprache ist erlernbar und viele Menschen mit Migrationshintergrund sprechen deutlicheren Tiroler Akzent als manch andere Zuagroaste. Bleibt Geschichte als möglicher gemeinsamer Bezugspunkt. Aber auch Geschichte wird different wahrgenommen.

Alles zusammen ergibt dann das Kunstprodukt Kultur. Wer die Definitionsmacht hat, kann festlegen, wer dazugehört, wer kulturnahe ist und wer nicht dazugehört, wer kulturfremd ist. Und diese Definitionsmacht liegt bei der alteingesessenen Bevölkerung bzw. bei Teilen derselben, jedenfalls nicht bei der Zuwanderungsgesellschaft. So kann der Gegensatz „wir vs. die anderen" konstruiert werden. So kann auch beliebig gesteuert werden, wem welche kulturelle Identität zugeschrieben wird.

Dabei ist das Feindbild wichtig. Es ist umso wichtiger, je reduzierter das Selbstbild, je reduzierter die eigene Identität ist. Wer seine/ihre Identität auf nur einem Merkmal aufbaut (z.B. auf der Zugehörigkeit zu einer bestimmten ethnischen Gruppe), muss sorgsam darauf bedacht sein, dass diese Zugehörigkeit, diese Gruppe, etwas Besonderes ist, etwas, das sich über andere Gruppen erhebt und über diese hinausragt. Nur dann kann die eigene Besonderheit bewahrt und aufrechterhalten werden. Um die eigene Identität herausstreichen zu können, wird das Fremdbild (bzw. Feindbild) konstruiert, das jedenfalls eines sicherstellen muss: Es wird hierarchisch herabgestuft. Selbst ist man immer das, was der/die andere nicht ist.

Und umgekehrt: der/die andere verkörpert zunächst einmal etwas anderes, als man selbst ist.

Es ergibt sich daraus die Diskussion um Identität bzw. kulturelle Identität. Die Wertediskussionen – in Deutschland die Frage nach der Leitkultur, in Österreich jene nach (alten?) Werten – geht in diese Richtung. Das Schwierige dabei ist, dass eben nicht klar ist, was kulturelle Identität ausmacht. Würde definiert, was unter kultureller Identität verstanden wird, so könnte der Ausschluss anderer nicht so leicht vollzogen werden. Die anderen würden wissen, worauf sich diese Identität gründet.

So aber wird von einer homogenen Einheit ausgegangen, die nur fiktiv, nicht aber real vorhanden ist. Es wird die Mehrheit der österreichischen Bevölkerung pauschal als dazugehörig und mit gleichen Interessen gesehen (in der

Diktion Jörg Haiders „die Fleißigen und Anständigen"). Das trügerische an dieser Anschauung ist, dass es diese homogene Gruppe nicht gibt: Nehmen wir zunächst die Sprache. Wenn ÖsterreicherInnen miteinander reden, müssen sie manchmal die Hochsprache zu Hilfe nehmen. Würden ein Vorarlberger aus Lustenau und eine Südburgenländerin aus Jennersdorf in ihren jeweiligen Dialekten miteinander reden, wäre für beide wohl nur schwer nachvollziehbar, was der/die andere jeweils meint. Ende Februar 2009 wurde der Lawinenkatastrophe von Galtür (23.2.1999) und vor allem deren mehr als 30 Toten gedacht. Zu Wort kam unter anderem ein älterer Tischler aus Galtür, der in seinem Dialekt sprach. Von der Redaktion der Sendung wurden sicherheitshalber Untertitel eingeblendet, für den Fall, dass andere – nicht Paznauner bzw. Nichttiroler – ORF-SeherInnen den Originaldialekt nicht verstünden.

Unterschiede treffen auch auf andere Bereiche zu: Die regionalen Speisen sind ebenso unterschiedlich wie andere Bundesländereigenheiten. Und diese Unterschiede werden häufig immer noch (folkloristisch) überhöht. Mittlerweile hat jedes Bundesland einen typischen Werbeschriftzug bzw. eigene Slogans – wie „Kärnten is a Wahnsinn". Die Abgrenzung von den anderen Bundesländern wird ebenso betont: Was Gott getrennt hat, solle der Mensch nicht verbinden, war ein Spruch, als der Arlbergstraßentunnel gebaut wurde. In Tirol beginnt der Balkan häufig östlich von Kufstein und acht Bundesländer eint die Hassliebe zum neunten Bundesland, zu Wien (und umgekehrt).

Noch diffuser wird es auf der individuellen Ebene. Dort gibt es unterschiedlichste Facetten der eigenen Identität und diese können auch häufig wechseln: Wer als Radfahrer unterwegs ist, sieht in Fußgängern und/oder Autofahrern quasi natürliche Feinde. Wenn ein Radfahrer aber zum Autofahrer wird, wechseln auch die Feindbilder: Teilweise (auch) die anderen Autofahrer, jedenfalls aber Radfahrer und Fußgänger werden dann zu den bevorzugten Feindbildern im Straßenverkehr.

Und auf gleiche Weise gilt es eine andere scheinbare Homogenität zu hinterfragen: jene der Ethnizität. Die Gegenüberstellung Inländer – Ausländer ist allgegenwärtig. Die Zahlen können dabei beliebig variiert werden. Immer noch der höchste Ausländeranteil in einer österreichischen Gemeinde ist jener in Jungholz in Tirol. Dort leben mehr Ausländer als Inländer, aber von Ausländerfeindlichkeit hat man bislang aus Jungholz nichts gehört. Das ist wenig verwunderlich: der Großteil der Ausländer sind Deutsche.

Ebenso wenig aussagekräftig ist die absolute Zahl von Ausländern, also Nicht-Österreichern, die in Österreich leben. Dazu gehören Asylwerber aus Tschetschenien oder dem Kongo genauso wie Manager aus Schweden oder der Schweiz. Und dazu zählen Nicht-EU-Bürger ebenso wie EU-Bürger. Also sagt die absolute Zahl wenig aus. Ebenso wenig aussagekräftig ist, dass ein bestimmter Prozentsatz der österreichischen Bevölkerung Migrationshintergrund hat. Und schließlich hat ein Asylwerber aus dem Land X wenig zu tun mit einem Arbeitsmigranten aus dem Land Y. Gemeinsam aber sind sie AusländerInnen. Gemeinsam werden sie als AusländerInnen wahrgenommen.

Ähnlich ist es hinsichtlich der sozialen Situationen. Eine Burgenländer Hautärztin hat mit einem Burgenländer Installateur wenig zu tun (es sei denn, der Installateur ist krank oder im Haus der Ärztin gab es einen Rohrbruch). Beide aber werden aufgrund ihrer Ethnizität als gleich eingestuft und wahrgenommen. Fährt die Ärztin zu einer Tagung nach Istanbul, so wird sie dort möglicherweise mit türkischen Ärzten zusammentreffen und mit diesen eventuell über neue Methoden zur Behandlung von Psoriasis reden. Ethnizität wird keine Rolle spielen. Trifft der Installateur bei einer anderen Tagung in Istanbul türkische Berufskollegen, so wird er mit diesen über Themen reden, die in seinem Beruf von Interesse sind. Auch hier wird Ethnizität keine Rolle spielen.

Beide Menschen aus dem Burgenland werden mit ihren jeweiligen Berufskollegen wesentlich mehr Gemeinsamkeiten finden als mit der Person aus demselben Bundesland. Trotzdem werden die Gemeinsamkeiten mit den Berufskollegen auf Grund der anderen Ethnizität als sekundär wahrgenommen.

Im Urlaub werden solche Wahrnehmungen ritualisiert und übersteigert, wird die gemeinsame Herkunft plötzlich wichtig. Wenn wir nicht sehr weit weg vom Heimatort/Heimatbundesland sind und gefragt werden, woher wir kommen, neigen wir dazu, den Heimatort zu nennen. Mit Zunahme der Entfernung wird daraus das Bundesland, in weiterer Ferne Österreich. Ganz weit weg kann daraus auch Europa werden. Wenn wir nun aber in einem fernen Land auf Urlaub sind und entdecken, dass jemand anderer auch aus der eigenen Heimat stammt (weil etwa der Dialekt vertraut klingt oder aber das Autokennzeichen solches signalisiert), finden Verbrüderungen statt. Wildfremde Menschen wirken plötzlich vertraut, man sucht Kontakt zu Personen, an denen man zu Hause vorbeigehen würde, ohne sie wirklich wahrzunehmen. Der Grund dafür ist das Gefühl, ein Stück Heimat in der Fremde gefunden zu haben: „Ned daham, oba do zhaus“, wie Helmut Qualtinger einst als Travnicek meinte.

Das ist auch verständlich: Man sehnt sich nach einem Stück Geborgenheit, nach Vertrautheit, nach Heimat. Und mangels anderer Alternativen kann der/die Nächstbeste dieses Bedürfnis befriedigen. Dabei ist Urlaub eine selbstgewählte Entfernung vom Heimatort. Aber selbst in dieser eigens gewählten Form suchen wir Vertrautheit.

Dieser Mechanismus ist auch umgekehrt zu beobachten. Wenn Menschen die Aufnahme in einer Gesellschaft verwehrt wird, suchen sie Vertrautes, suchen sie andere Gemeinsamkeiten. Dann entsteht das „ethnic revival“, es ist der Versuch, der Ethnizität Wichtigkeit zu verleihen, die sie eigentlich nicht bräuchte, aber bekommt, weil es zu wenig Alternativen dazu gibt. Dieses Phänomen ist weniger bei der ersten Generation von Zuwanderern festzustellen als bei der zweiten oder dritten. Weil nun bei dieser Gruppe die Verbundenheit mit der ursprünglichen Ethnizität nur mehr sehr oberflächlich ist, entsteht eine neue, die Elemente der Ursprungsgesellschaft ebenso beinhaltet wie Elemente der Aufnahmegesellschaft. Dieses „ethnic revival“ wird vorwiegend von jenen politischen Parteien kritisiert, die schon immer gegen jede Art der Integration waren. Von ihnen wird dann behauptet, dass Integration eben nicht funktionieren könne. Nicht erwähnt wird, dass sie schon immer – teilweise sehr erfolgreich – versuchten, Integration zu verhindern.

RASSISMUS – ZAHLEN UND BEISPIELE

Zurück zum Rassismus. Es stellt sich die Frage, wie man Rassismus messen bzw. das Ausmaß an rassistischen Handlungen einordnen soll und kann. Dazu gibt es mehrere Ansätze. Zum einen den Verfassungsschutzbericht des Innenministeriums, zum anderen Berichte von NGOs – hier etwa jene von ZARA – und zum dritten die Beobachtungen von Organisationen außerhalb Österreichs, etwa des Europarates, der EU oder der UNO.

Vom Innenministerium wird jährlich ein Verfassungsschutzbericht erstellt. In diesem wird über Rechts- bzw. Linksextremismus berichtet, ebenso über Extremismus und Terrorismus mit Auslandsbezug – von Afghanistan über Israel bis zu den Maghreb-Staaten – und deren Auswirkungen auf Österreich.

Eine generelle Anmerkung zu Daten: Diese müssen immer in Relation gesehen werden. Wenn es eine relativ hohe Anzahl von Fällen gibt, so kann das mit der Art der Datenerhebung zusammenhängen und ist für sich allein nur bedingt aussagekräftig. Dazu ein Beispiel: In einer Schule A gibt es in einem bestimmten Zeitraum 100 dokumentierte Fälle von Gewalt, in einer Schule B 50. In Schule A werden sämtliche Gewaltvorfälle dokumentiert, in Schule B nur jene mit Körperverletzung und anschließender ärztlicher Behandlung. Das kann zur Folge haben, dass Schule B als sicherer eingestuft wird, obwohl es dort wesentlich mehr Gewaltvorfälle gibt als in Schule A – weil dort eben nur die schweren Fälle dokumentiert werden. Dieses Problem der unterschiedlichen Arten von Dokumentation begegnet uns immer wieder auch bei Ländervergleichen, etwa zu rassistisch motivierter Gewalt.

Zur österreichischen Statistik des Bundesministeriums für Inneres: In unserem Zusammenhang relevant ist der Abschnitt über Rechtsextremismus, insbesondere die statistischen Daten über Tathandlungen und Anzeigen. Die Zahlen beziehen sich selbstverständlich nur auf jene Tathandlungen, die auch bekannt bzw. angezeigt werden, d.h. dass dies nur die Spitze eines Eisberges ist. Dass es mehr Anzeigen als Tathandlungen gibt, erklärt sich aus dem Umstand, dass manche Delikte gegen mehrere Gesetze verstoßen. Im Zeitverlauf ist kein eindeutiges Muster zu erkennen, allerdings ist nach einer Abnahme Mitte des Jahrzehnts wieder eine deutliche Zunahme vor allem 2007 zu erkennen. Diese Wellenbewegungen sind nichts Neues, es gab auch in früheren Jahrzehnten derartige Schwankungen. Überdurchschnittlich hoch ist aber der Anstieg von 2006 auf 2007 – von 240 auf 343, also um etwa 43%. Um 71% (von 28 auf 48) stiegen fremdenfeindliche/rassistische Tathandlungen, diese waren schon von 2005 auf 2006 um mehr als 115% (von 13 auf 28) gestiegen. Damit wurde 2007 der bisherige Höhepunkt des Jahrzehnts erreicht. Auch rechtsextremistische Tathandlungen stiegen deutlich an (+ 37%; von 204 auf 280), nur 2001 waren mit 301 Fällen etwas mehr zu verzeichnen. Bleiben die antisemitischen: Hier war eine Zunahme von 87% festzustellen (von 8 auf 15).

In den kommenden Jahren werden die Kategorien um „Islamophobe“ bzw. „Sonstige“ erweitert. Unter „Sonstige“ fallen z.B. Verstöße gegen das Abzeichengesetz.

TATHANDLUNGEN

	2000	2001	2002	2003	2004	2005	2006	2007	2008
rechtsextremistische	291	301	261	264	189	188	204	280	333
fremdenfeindliche, rassistische	36	31	45	26	23	13	28	48	56
antisemitische	9	3	20	9	17	8	8	15	23
gesamt	336	335	326	299	229	209	240	343	424

Quelle: www.bmi.gv.at – Verfassungsschutzberichte; eigene Zusammenstellung

ANZEIGEN

Anzeigen	2000	2001	2002	2003	2004	2005	2006	2007	2008
Gesamt	450	528	465	436	322	406	419	752	835
Verbotsgesetz	239	269	238	216	165	173	186	369	360
Verhetzung	27	39	56	37	29	14	25	52	73

Quelle: www.bmi.gv.at – Verfassungsschutzberichte; eigene Zusammenstellung

Ebenso deutliche Zuwächse gab es bei Anzeigen. Insgesamt eine Zunahme von 79% (von 419 auf 752); bei Anzeigen wegen vermuteter Verstöße gegen das Verbotsgesetz waren es 98% (von 186 auf 369), bei Verhetzung 108% (von 25 auf 52). Insgesamt waren dies die höchsten Werte seit Beginn des Jahrtausends (mit einer kleinen Ausnahme – 2002 gab es 56 Anzeigen wegen Verhetzung). 2008 gab es eine weitere deutliche Steigerung auf insgesamt 835 Anzeigen.

Rechtsextremistische Tathandlungen haben meistens rassistische Untertöne; bei der Kategorie fremdenfeindlich/rassistisch ist dieser Zusammenhang immer gegeben. Insgesamt sind die Kategorien nicht immer trennscharf voneinander abzugrenzen. Antisemitismus und Rassismus verbindet zumindest eine Gemeinsamkeit – die Betroffenen können dem nicht ausweichen. Konkret bedeutet das: Jene, die von antisemitischer bzw. rassistischer Diskriminierung betroffen sind, können von sich aus an diesem Zustand nichts ändern, weil die Zuschreibungen und Normen, die zu diesen Diskriminierungen führen, von anderen festgelegt werden. Macht hat in diesem Fall jene Gruppe, die die Normen und Kriterien festlegt. Wenn RassistInnen betonen, dass Schwarze deswegen negative Eigenschaften besäßen, weil diese eben angeboren seien, so können die derart diskriminierten Personen an diesem Zustand von sich aus nichts ändern: Schwarze können nicht ihre Hautfarbe ändern, um diesen Diskriminierungen zu entkommen. Solange also die Definitionsmacht bei der diskriminierenden Gruppe und nicht bei den Diskriminierten liegt, kann diese Benachteiligung aufrechterhalten werden.

Ähnlich ist es bei Juden und Jüdinnen. Die Nazis bestimmten, wer Jude war und wer nicht. Im Oktober 1942 wurden die Wiener Juden Gustav und Fritz Kleinmann – Vater und Sohn – von Buchenwald nach Auschwitz deportiert. Sie waren im September 1939 in Wien verhaftet worden und im Oktober 1939 in das KZ Buchenwald gekommen. Fritz Kleinmann beschreibt unter anderem folgende Begebenheit in Auschwitz:

> „Jeder Häftling war einem Arbeitskommando auf verschiedenen Bauabschnitten im Bunawerk zugeteilt. Als eine Kommission des Reichssicherheitshauptamtes (RSHH) aus Berlin die Bunawerke besichtigte,

beanstandeten die hohen SS-Führer bei Lagerführer Schöttl, daß sie viele Juden sähen, die als Vorarbeiter arbeiteten. Schöttl verwies darauf, daß er zu wenige Arier im Lager habe und daher auch Juden als Vorarbeiter einsetzen müsse. Einige Tage später tauchte Aumeier, der Lagerführer von Auschwitz, im Lager auf. Beim Abendappell wurde einer Gruppe von Buchenwaldern und Sachsenhausenern der Judenstern abgenommen. Sie waren danach ‚arisiert' und bekamen rote Winkel. Damit wurden sie den ‚arischen' Häftlingen gleichgestellt. Als Juden waren sie ins KZ gekommen, als ‚Arier' blieben sie weiterhin im Lager. Allerdings bedeutete keinen Judenstern zu tragen eine wesentliche Erleichterung. Und bei dieser Gruppe war auch mein Vater. Plötzlich hatten wir nun Lagerfunktionäre, die unsere besten langjährigen Freunde waren: Gustav Herzog wurde Leiter der Häftlingsschreibstube, Jupp Hirschberg Kapo der SS-Garage, Benedikt Kautsky Kommandoschreiber, Rudolf Kahn Blockältester im Russen-Erziehungslager, Hans Plohn Kapo der Tischlerei und Alfred Wedel Lagerfriseur ... Eines Abends wurden mein Vater und ich bei einem Gespräch vom Blockführer überrascht. Wir mußten stramm vor ihm stehen. Er fragte mich, warum ich als Jude mit einem Kapo spreche. Ich meldete, daß der Kapo mein Vater sei und erhielt als Antwort den ersten Faustschlag ins Gesicht. Er konnte am Winkel meines Vaters erkennen, daß er Arier sein mußte. Als ich meine Antwort wiederholte, gingen die Schläge weiter. Mein Vater konnte mir nicht helfen und mußte zusehen, wie ich verprügelt wurde. Als er später dem SS-Mann erklärte, daß er tatsächlich mein Vater sei, konnte dieser das immer noch nicht begreifen. Es war mit seiner Rassenideologie unvereinbar, daß mein Vater einen jüdischen Sohn haben sollte."[71]

Ähnlich war es bei Edith Stein: Sie wurde als katholische Nonne nach Auschwitz deportiert, der Grund für die Deportation war aber, dass sie vor der Konvertierung zum katholischen Glauben Jüdin gewesen war. Für die Nazis war die Selbsteinstufung irrelevant: Wer als Jude galt, bestimmten sie. Und schon Jahre früher hatte der damalige Wiener Bürgermeister Karl Lueger betont: „Wer Jude ist, bestimme ich."

RASSISTISCHE ÜBERGRIFFE: BEISPIELE

Die Organisation ZARA – Zivilcourage und Anti-Rassismusarbeit – feiert im Herbst 2009 ihr 10-jähriges Bestehen. ZARA kämpft für eine rassismusfreie Gesellschaft, möchte Opfer und ZeugInnen beraten, präventiv und sensibilisierend tätig sein. ZARA ist eine von vielen NGOs, die in diesem Bereich tätig sind (von helping hands bis FairPlay gibt es eine große Zahl weiterer wichtiger NGOs in Österreich). ZARA sammelt Daten zu Rassismus in Österreich – es geht dabei nicht um eine quantitative Zusammenstellung, sondern um ein Aufzeigen von Ereignissen. ZARA erhebt diese Daten aber nicht von sich aus, sondern sammelt Berichte und Beobachtungen anderer. Wichtig, so Geschäftsführerin Barbara Liegl im Rassismus-Report

2007, sei „das Erkennen und Ernstnehmen von Rassismus als gesamtgesellschaftliches und strukturelles Phänomen. Wesentlich sind das kritische Hinterfragen und der reflektierte Umgang mit Vorurteilen und Rassismen."[72]
Dabei wird rassistische Diskriminierung von ZARA folgendermaßen definiert: „Als rassistische Diskriminierung gilt jedwede Form der Benachteiligung, die jemand aufgrund seiner Hautfarbe, seiner Sprache, seines Aussehens, seiner Religionszugehörigkeit, Staatsbürgerschaft oder Herkunft erfährt."[73]
Der jährlich erscheinende ZARA-Rassismus-Report listet eine Vielzahl von Vorfällen auf, von Übergriffen von PolizistInnen über Vorfälle im öffentlichen Raum (darunter auch Medienberichterstattung) bis Geschehnissen in öffentlichen Institutionen, im Bereich Arbeit oder Wohnen. Daraus nur einige wenige Beispiele.[74]

- Als eine afro-amerikanische Künstlerin eines Abends im Jahr 2003 ein Grazer Bistro betritt, wird sie vom Gastwirt mit den Worten „Für Neger gibt's do nix" des Lokals verwiesen. Sie war im Zuge des Kulturjahres 2003 in Graz gewesen. Zur Erinnerung: 2003 wurde Österreich in Graz Fußballweltmeister (siehe S. 67).
- Eine Verkäuferin einer Grazer Kaufhauskette betont, dass Kreditkarten von Personen, deren Nachname mit „-ic" endet, nicht akzeptiert würden. Dies sei offizielle Vorgangsweise des Kaufhauses, wird später bestätigt.
- Auf einem Aufkleber ist Folgendes zu lesen: „Die Indianer konnten die Einwanderer nicht stoppen. Jetzt

leben sie in Reservaten. Wenn Sie Ihren Kindern das ersparen wollen, dann schreiben Sie an: Fakten, PF.: 34, 2100 Korneuburg. Impressum: Eigentümer, Verleger und Hersteller: H. J. Rosenkranz, 2111 Seebarn." Der Name Rosenkranz klingt vertraut: Horst Jakob ist Ehemann der FPÖ-Nationalratsabgeordneten Barbara Rosenkranz. In früheren Zeiten war er für die später verbotene NDP Norbert Burgers aktiv; 1990 war er Spitzenkandidat der Liste „Nein zur Ausländerflut", diese Liste wurde damals aber wegen NS-Wiederbetätigung nicht zur Nationalratswahl zugelassen.[75]

- Eine Frau ist mit einem Afrikaner verheiratet. Nach dem Tod von Cheibani Wague schreibt sie einen Leserbrief an die *Kronen Zeitung*. Der Leserbrief wird – eine unübliche Vorgangsweise – mit Adresse und Telefonnummer veröffentlicht. Die betreffende Frau bekommt daraufhin tagelang rassistische bzw. obszön-beleidigende Anrufe.
- In einer Hauptschule erscheinen eines Vormittags Polizeibeamte – ohne Durchsuchungsbefehl – und überprüfen alle afrikanischen SchülerInnen. Wer sich nicht ausweisen kann, wird auf die Wachstation mitgenommen.
- Ein äthiopischer Mann wird von einem Passanten mit „Scheiß-Nigger, Arschloch, Ausländer" beschimpft. Auf die Entgegnung, dies seien die Ideen von Hitler, ruft der Passant die Polizei. Diese hört sich die Version des Aggressors an, überprüft die Papiere des Äthiopiers und untersucht, ob sein Fahrrad gestohlen ist.

- Der Betreiber eines Campingplatzes in Osttirol bringt am Eingang ein Schild mit folgendem Text an: „Kein Platz für Zigeuner." Seine Begründung: Wenn jemand kommt, den ich nicht mag, weise ich ihn ab. Hotels dürfen das ja schließlich auch" (was eine Fehlannahme ist).
- Ein (schwarzer) Chauffeur des Evangelischen Hilfswerkes will einen Dienstbus zur Reparatur bringen. In der Reparaturwerkstätte wird er vom Besitzer rassistisch beschimpft und vom Grundstück gejagt. Die zu Hilfe gerufenen Polizeibeamten beschimpfen ihn ebenfalls und schicken ihn zu einem falschen Wachzimmer. Wegen aggressiven Verhaltens gegen Organe der öffentlichen Sicherheit bekommt der Chauffeur, Herr K., eine Strafverfügung in Höhe von € 60,-.
- Ein jordanischer Staatsbürger wird von seinen – österreichischen – Arbeitskollegen als „Kameltreiber" und „Araberarsch" beschimpft und schließlich so geschlagen, dass er ins Krankenhaus muss.

Zum Sport: 1998 wird Frankreich Fußballweltmeister. Mit in der Mannschaft Zidenine Zidane, Lilian Thuram und Thierry Henry (dieser war zwar nicht im Endspiel dabei, aber in der Gruppenphase erfolgreich). Damals, nach dem WM-Sieg, war in Frankreich deutlich Sympathie für jene zu spüren, deren Hautfarbe zwar nicht weiß war, die mit ihrem Können aber wesentlich zum Erfolg bei der WM beigetragen hatten.

Aber es gibt auch die andere Seite. Rassistische und rechtsextreme Ausschreitungen oder Kundgebungen sind in italienischen Fußballstadien fast an der Tagesordnung;

Beschimpfungen sind auch in Österreich durchaus üblich. 1998 spielt Ried im Europapokal der Pokalsieger gegen Maccabi Haifa. Damals kursierte folgender „Witz“: Frage von Maccabi-Spielern: Wo liegt Ried? Antwort: Zwischen Braunau und Mauthausen.

Beim Stadthallenturnier im Januar 2009 in Wien wird der dunkelhäutige Austria-Spieler Okotie mit Urwaldlauten beleidigt. Bereits im ersten Spiel gegen die Vienna wurden in seine Richtung Affenlaute skandiert. Die Austria-Fans entgegneten den Rapidlern „Zick, Zack, Zigeunerpack“.[76]

DER BERICHT DER EUROPÄISCHEN KOMMISSION GEGEN RASSISMUS UND INTOLERANZ

Der Dritte Bericht der Europäischen Kommission gegen Rassismus und Intoleranz (ECRI) über Österreich wurde Anfang 2005 präsentiert. ECRI ist eine Einrichtung des Europarates und untersucht in regelmäßigen Abständen die Menschenrechtssituation in verschiedenen, v.a. europäischen Ländern. Den ersten Bericht über Österreich gab es 1999, den zweiten 2001 und den dritten 2005. Alle vier bis fünf Jahre werden solche Länderberichte erstellt, jährlich etwa neun bis zehn. Es werden dabei schriftliche Unterlagen untersucht (z.B. Berichte von NGOs), Kontaktbesuche abgehalten (dabei gibt es auch Kontakte zu VertreterInnen von NGOs) und vertrauliche Gespräche mit Staatsbehörden geführt. Der Bericht bezieht sich auf die Situation in Österreich Ende 2003. Der vierte ECRI-Bericht wird voraussichtlich 2010 präsentiert werden, die Besuche der ECRI-MitarbeiterInnen fanden im März 2009 statt.

Im Bericht von 2005 wird positiv vermerkt, dass Österreich in einigen Bereichen Fortschritte gemacht habe. So etwa bei der Ratifizierung der Europäischen Charta für Regional- oder Minderheitensprachen und des Art. 14 des Internationalen Übereinkommens zur Beseitigung jeder Form von Rassendiskriminierung. Weiters gab es Schulungen von Beamten im Umgang mit NichtstaatsbürgerInnen (darunter Maßnahmen zur Verhinderung übermäßiger Gewaltanwendung), Förderung der Menschenrechtserziehung oder bessere Ausbildung für PolizistInnen in einer multikulturellen Gesellschaft.[77] Hervorgehoben wird dabei u.a. die Arbeit des Menschenrechtsbeirates.

Gleichzeitig wird aber darauf verwiesen, dass mehrere Empfehlungen des zweiten ECRI-Berichtes nicht oder nur teilweise umgesetzt wurden. Der Schutz für AsylwerberInnen sei schlechter geworden, die Unterstützung dieser Personengruppe in der Öffentlichkeit sehr negativ. Der gesellschaftliche und politische Diskurs über Nicht-EU-BürgerInnen, AsylwerberInnen und Angehörige von Minderheitengruppen sei häufig rassistisch und fremdenfeindlich:

> „Rassismus und Rassendiskriminierung beeinträchtigen in vielen Bereichen noch immer das tägliche Leben der Angehörigen von Minderheitengruppen, insbesondere von Schwarzafrikanern, Muslimen und Roma. Auch Vorfälle von Antisemitismus in Österreich sind für ECRI nach wie vor Anlass zur Sorge. Die in Gesetz und Praxis noch immer festzustellende, deutliche Unterscheidung zwischen Österreichern

und EU-Bürgern einerseits und Nicht-EU-Bürgern andererseits wirkt sich negativ auf die soziale und politische Integration in allen Segmenten der österreichischen Gesellschaft aus. Außerdem hat Österreich verschiedene, für die Bekämpfung von Rassismus und Intoleranz relevante internationale Verträge noch nicht ratifiziert."[78]

Empfohlen wird die Ratifizierung des Protokolls Nr. 12 der Europäischen Menschenrechtskonvention (allgemeines Diskriminierungsverbot); empfohlen werden auch weitere Maßnahmen zur Bekämpfung von Rassismus und Rassendiskriminierung sowie die umfassende Sicherstellung der Rechte von AsylwerberInnen. In der öffentlichen Debatte – insbesondere auf politischer Ebene – sollten entsprechende Maßnahmen getroffen werden, um eine fremdenfeindliche und rassistische Ausdrucksweise zu unterbinden. Das Verhalten von Beamten im Umgang mit NichtstaatsbürgerInnen und Angehörigen von Minderheitengruppen sollte weiter verbessert und die in Gesetz und Praxis bestehende Ungleichheit zwischen StaatsbürgerInnen und Nicht-StaatsbürgerInnen müsse verringert werden. Dezidiert angesprochen werden dabei die Bereiche Beschäftigung, Bildung und soziale, bürgerliche bzw. politische Rechte.
Als gefährdete Gruppen werden im Bericht, wie gesagt, in erster Linie Schwarzafrikaner, Muslime und Roma gesehen. Schwarze seien insbesondere (aber nicht ausschließlich) in Wien besonders gefährdet, Opfer von Rassismus bzw. Rassendiskriminierung zu werden. Hauptgrund dafür seien feindselige Einstellungen von Beamten (insbe-

sondere PolizistInnen) und ebensolche Ressentiments in Medien, bei PolitikerInnen bzw. im politischen Diskurs und in der öffentlichen Meinung. Die Stigmatisierung von Schwarzafrikanern als Drogendealer sei sehr geläufig.

Muslime waren vor allem nach 9/11 vermehrter Islamophobie ausgesetzt, dies ging im Untersuchungszeitraum (nicht wesentlich, aber doch etwas) zurück. Diskriminierungen seien vor allem dann zu beobachten, wenn Muslime sichtbar zu erkennen seien (z.B. durch ihre Kleidung). Es gab diesbezügliche Beleidigungen und Belästigungen, dies ging sogar so weit, dass ein Lehrer einer Schülerin das Kopftuch unter Zwang abnahm.

Zu den Roma zählen Mitglieder der autochthonen Minderheit und anerkannten Volksgruppe der Roma ebenso wie MigrantInnen und deren Nachkommen sowie Flüchtlinge und AsylwerberInnen. Viele Roma, so ECRI, würden trotz formaler Gleichstellung nach wie vor schwer benachteiligt und seien teilweise rassistischer Diskriminierung ausgesetzt. Der Großteil der nichtautochthonen Roma habe massive Nachteile im Bildungswesen und werde damit in weiterer Folge aus den meisten Bereichen des öffentlichen Lebens ausgeschlossen.

Massiv kritisiert ECRI Beamte des Gesetzesvollzugs. Wurde im zweiten Bericht (2001) zwar vorgeschlagen, jede Form rassistischen oder rassistisch diskriminierenden Verhaltens von PolizistInnen zu verurteilen, so könne von einer Umsetzung dieser Empfehlung keine Rede sein. Beispielhaft wird auf den Tod von Cheibani Wague verwiesen – hier sei das Verhalten der betreffenden PolizeibeamtInnen von den zuständigen Vorgesetzten als gesetzeskonform darge-

stellt worden. Nach wie vor würden viele Schwarzafrikaner allein auf Grund ihrer Hautfarbe kontrolliert, manchmal verbal oder körperlich misshandelt.
Vorgeschlagen worden war auch die verstärkte Einbindung von Menschen mit Migrationshintergrund in den Polizeidienst. ECRI hatte nicht den Eindruck, dass dies geschehen sei.
Ebenso kritisiert wird von ECRI die Ausnutzung rassistischer und fremdenfeindlicher Strömungen für politische Zwecke. Nach wie vor (und wenig überraschend) diagnostiziert ECRI hier bei der FPÖ den größten Handlungsbedarf. Vor allem lokale Parteirepräsentanten und der FPÖ nahestehende Jugendorganisationen würden eine Sprache verwenden, die in direkter Verbindung zum nationalsozialistischen Gedankengut stehe. Das BZÖ wurde damals, 2005, erst gegründet und steckte noch in den Kinderschuhen.
Deutlich kommentiert wird von ECRI die Medienlandschaft. Im zweiten Bericht war kritisiert worden, dass die auflagenstärksten Zeitungen „regelmäßig auf eine Art und Weise über Zuwanderer- und Asylfragen berichteten, die eine Atmosphäre der Feindseligkeit und der Ablehnung gegenüber Mitgliedern von Minderheitengruppen entstehen ließ“.[79] 2005 findet ECRI, dass dies nach wie vor der Fall ist; überdies „stellt ECRI mit Sorge fest, dass die Presse zu einer gewissen ‚Ethnisierung‘ von Verbrechen beigetragen hat, wobei insbesondere Schwarzafrikaner mit dem Drogenhandel und Osteuropäer mit bestimmten Formen des organisierten Verbrechens in Verbindung gebracht werden.“[80] Kritisiert wird ebenso, dass in Inseraten (Woh-

nen bzw. Beschäftigung) immer wieder ausschließlich ÖsterreicherInnen angeworben bzw. Personen bestimmter anderer Staatsbürgerschaft ausgeschlossen werden.

DER UN-RASSISMUS-BERICHT

Im August 2008 wurde vom International Movement Against all forms of Discrimination and Racism (IMADR) die Zusammenfassung der 73. Sitzung des UN Committee on the Elimination of Racial Discrimination (CERD) präsentiert. Für diesen UN-Rassismusbericht wurden neben Österreich die Schweiz, Deutschland und Schweden, Russland, Togo, Namibia und Ecuador untersucht. Auch in diesem Bericht wurden Polizeiübergriffe gegen Schwarzafrikaner hervorgehoben. Die österreichischen Ausländergesetze wurden als sehr restriktiv bewertet und es wurde betont, dass Menschen ohne Papiere mehr Schutz benötigten. *Die Presse* (20.8.2008) bezeichnete als Kernaussage des Berichts, dass Österreich zu wenig gegen Rassismus unternehme und dass es um die Rechte von Migranten und Minderheiten schlecht bestellt sei. Besonders kritisiert wurde die Kärntner Weigerung, ausreichend zweisprachige Ortstafeln aufzustellen. Auch Hassreden österreichischer Politiker wurden angeprangert. Interessant ist, dass hier Hassreden genannt werden: die Begriffe Hassreden bzw. Hassprediger werden meist nicht mit österreichischen PolitikerInnen in Verbindung gebracht.

Im Bericht wird einerseits die Einrichtung der Gleichbehandlungsanwaltschaft begrüßt, gleichzeitig aber deren mangelnde Ausstattung mit Ressourcen und ihre eingeschränkte Zuständigkeit kritisiert. Besorgnis wird geäußert über Misshandlungen mit Todesfolge, Übergriffe gegen AsylwerberInnen durch Polizisten und die Länge der Schubhaft. Kritisiert wird ebenso, dass im österreichischen Recht alltägliche rassistisch diskriminierende Handlungen in den Bereichen Beschäftigung, Wohnen, Bildung und Zugang zu öffentlichen Plätzen nur als Delikte von untergeordneter Bedeutung angesehen werden bzw. dass Menschen afrikanischer oder lateinamerikanischer Herkunft sowie Roma häufig der Zugang zu öffentlichen Plätzen (z.B. Parkanlagen) verweigert wird. „Der Bericht bringt Erschreckendes ans Licht, die Rede ist von Misshandlungen, willkürlichen Kontrollen und Beschimpfungen vor allem gegenüber Afrikanern und Roma" in Österreich. So beginnt die deutsche Tageszeitung *taz* im August 2008 einen Artikel über diesen neuen UN-Rassismusbericht über Österreich.

DER KÄRNTNER ORTSTAFELSTREIT – EIN MUSTERFALL

In Kärnten reagieren manche anders. Weil darin auch die Frage der zweisprachigen Ortstafeln zur Sprache kommt. Der damalige Landeshauptmann Haider nennt die UNO-MitarbeiterInnen Gschaftlhuber, die keine Ahnung davon hätten, was den Kärntnern wichtig sei.

Die zweisprachigen Ortstafeln in Kärnten sind seit Jahrzehnten ein Politikum: Als im September 1972 versucht worden war, solche aufzustellen, wurden sie postwendend wieder entfernt. Es ging, wie die APA damals schrieb, „nur" um die Erfüllung von Art. 7 Punkt 3 des Staatsvertrages von Wien (man beachte: der Staatsvertrag von Wien wurde am 15.5.1955, also 17 Jahre vorher, unterzeichnet; den Kärntner Landeshauptmann stellte bis Ende der 1980er Jahre die SPÖ). Was folgte, war der „Kärntner Ortstafelsturm": Ende September 1972 war mit der Aufstellung begonnen worden, bis zum 10. Oktober 1972 waren alle Tafeln wieder demontiert. Der 10. Oktober ist für Kärnten heilig, war doch im Jahr 1920 die Volksabstimmung für Österreich ausgegangen. Damals übrigens mit zahlreicher Unterstützung slowenischsprachiger KärntnerInnen. Am 14. Oktober begann die Straßenverwaltung mit der neuerlichen Aufstellung von Ortstafeln – bis Jahresende waren sie wieder weg.

Peter Gstettner[81] hat die Ereignisse rund um den Kärntner Ortstafelsturm ausführlich beschrieben. Insgesamt war es keine Geheimoperation, sondern durchaus eine öffentliche. Täglich wurde in der *Kleinen Zeitung* genau berichtet, wo neue Ortstafeln aufgestellt wurden, am nächsten Tag konnte die *Kärntner Tageszeitung* (SPÖ) berichten, wo Ortstafeln wieder demontiert wurden. Für Slowenen – schreibt Gstettner – war es nicht wirklich ratsam, sich deutschnationalen Fanatikern in den Weg zu stellen.

Leopold Wagner (SPÖ) war von 1974 bis 1988 Landeshauptmann von Kärnten. Damals gab es noch stabile SPÖ-Mehrheiten im Land. Angesprochen auf den Ortstafelsturm von 1972 meinte Wagner Ende der 80er Jahre in einem Interview:

„*Wagner:* Ich glaube, daß es zum Teil eine spontane Publikumserhebung war. (...) Es ist durchaus das legale Recht der Bevölkerung, gegen irgendetwas, das sie als Zwangs-

maßnahme ansieht, zu demonstrieren. (...) Es ist dem Volk gestattet, sich gegen etwas aufzulehnen. Und das hat das Volk gemacht.
Interviewer (Wolfgang Koch): Nein, eine radikalisierte Truppe von Deutschnationalen hat der slowenischen Bevölkerung ihre staatsvertraglich zugesicherten Rechte mit kriminellen Aktionen vorenthalten.
Wagner: Das sagt man so im Allgemeinen, aber das ist nicht meine Meinung. Hier ist das Volk aufgestanden.“[82]
Es ist derselbe Leopold Wagner, der 1985 stolz betonte, dass er Mitglied der HJ gewesen war. Man solle daran denken, dass der Kärntner stets erst national und dann erst Sozialist ist.[83]
Gstettner beurteilt den Ortstafelsturm anders:

- Ein Musterbeispiel für eine von Hintermännern geplante Aktion (also alles andere als eine „spontane Volkserhebung“);
- der Ortstafelsturm war eben keine demokratische Protestbewegung, sondern gegen die Demokratie gerichtet, und
- er war keineswegs friedlich; die slowenischsprachige Bevölkerung wurde in Angst und Schrecken versetzt. Im weiteren Umfeld gab es auch Schwerverletzte.

Das war 1972. Viele Jahre später – im Dezember 2001 – gab es ein Verfassungsgerichtshof-Erkenntnis, in dem festgelegt wurde, dass in Kärntner Gemeinden mit einem slowenischsprachigen Bevölkerungsanteil von mehr als 10% zweisprachige Ortstafeln aufzustellen seien. Der

Verfassungsgerichtshof ist oberste juridische Instanz in Verfassungsfragen und Entscheidungen des VfGH sollten – könnte man meinen – allgemein akzeptiert werden.

Nicht so aber in Kärnten. Es wird diskutiert und vorgeschlagen, es wird eine Volksbefragung überlegt, Ortstafeln werden aufgestellt und medienwirksam (Foto mit Landeshauptmann) ausgegraben und etwas weiter links oder rechts wieder eingesetzt; kleine Zusatztafeln sollen reichen, sagen manche, und Ähnliches mehr.

Zur Volksbefragung, also einem direktdemokratischen Mittel: Als die Kärntner Landeswahlbehörde eine entsprechende Initiative mit Verweis auf Verfassungswidrigkeit ablehnt, gibt es Empörung. Für Jörg Haider ist das „ein beispielloser Akt der Demokratieverweigerung, den wir uns so sicher nicht bieten lassen werden. Wir werden in jedem Fall die Mitsprache der Bevölkerung in einer für Kärnten so wichtigen Frage weiter forcieren und durchzusetzen versuchen."[84] Er setzt sich nun für eine Ortstafel-Urabstimmung ein, dazu bedürfe es keiner Zustimmung der Landeswahlbehörde. Alle Wahlberechtigten würden Wahlkarten zugesandt bekommen und könnten damit ihre Meinung zu zweisprachigen Ortstafeln kundtun.

Es gibt also eine Entscheidung des VfGH, aber diese wird ignoriert. Was in Wien entschieden wird, muss in Kärnten nicht umgesetzt werden, scheint es. Da wird dann zur direkten Demokratie gegriffen und der Eindruck erweckt, diese sei ein Mehr an Demokratiequalität. Wir Kärntner entscheiden und dies ist per se demokratisch.

Das ist der schon im ersten Abschnitt beschriebene rechtspopulistische Ansatz: direkte Demokratie wird als wahre, als einzige Demokratie gesehen, repräsentative Demokratie ist zumindest schlechter – wenn nicht überhaupt bedenklich. Das Volk (wer immer das konkret sein mag) entscheidet mit gesundem Hausverstand (oder gesundem Volksempfinden). Ähnlich war so manche rechte Argumentation gegen die Ratifizierung des Reformvertrages von Lissabon durch das österreichische Parlament. Auch damals gingen die Wogen hoch: „Volksvertreter statt EU-Verräter" reimte die FPÖ kurz später auf ihren Wahlplakaten. Dass die Nationalrats-Abgeordneten ebenso wie die Bundesräte nach klar definierten Prozessen zu ihren Mandaten kommen, scheint in diesem Zusammenhang irrelevant zu sein.

WER IST DAS VOLK?

Es ist dem Volk gestattet, sich gegen etwas aufzulehnen. Und das hat das Volk gemacht. Leopold Wagner

Das Volk: Wer ist eigentlich dieses imaginäre Gebilde, wer ist „das Volk"? Wenn – um beim Beispiel des ehemaligen Kärntner Landeshauptmanns Wagner zu bleiben – das Volk aufgestanden ist, das Volk das (den Ortstafelsturm) gemacht hat, so stellt sich die Frage, ob das Kärntner Volk nur aus deutschsprachigen KärntnerInnen besteht und wo die slowenischsprachige Bevölkerung bleibt. Mit der Ansage, dass diese illegalen Aktionen vom Volk begangen wurden, soll der Eindruck erweckt werden, dass es eine Instanz gibt, die über den Gesetzen steht: das Volk. Weiters soll der Eindruck erweckt werden, dass dies eine homogene Einheit sei, die überdies klar umgrenzt und definiert sei. Genau das ist aber nicht der Fall. Gäbe es diese homogene Einheit, so wäre kaum verständlich, warum die Ortstafeln entweder nicht schon längst zweisprachig sind, oder aber warum es überhaupt eine derartige Debatte in Kärnten gibt. Wenn alle dasselbe möchten, sind Konflikte überflüssig.

So ist es aber nicht. Ein Teil wird – bewusst – ausgegrenzt. Und das ist die Minderheit. Deren Rechte kann „das Volk" pseudodemokratisch ignorieren. Die Mitsprache der Bevölkerung wird durchgesetzt, meinte der oben zitierte Landeshauptmann Wagner. Dass dies alles andere als demokratisch ist, wird nicht erwähnt. Ein Prinzip von Demokratie ist, das Grund- und Menschenrechte nicht zur Disposition stehen, dass über Minderheitenrechte nicht eine Mehrheit abstimmen bzw. entscheiden kann. Würde eine Mehrheit der SalzburgerInnen mit 90% gegen das Wahlrecht für Menschen aus Mittersill stimmen, so wäre dies zwar eine quantitative Entscheidung, aber keine demokratische.

Spannend ist dabei zweierlei: die Frage, wie sich eine Minderheit definieren lässt, und jene nach dem vieldiskutierten „Selbstbestimmungsrecht der Völker". Zunächst zur Minderheit. Es ist nicht immer so klar, wer Minderheit und wer Mehrheit ist. Wenn wir Südtirol näher betrachten, so bildet die deutschsprachige Bevölkerung in Südtirol die Mehrheit. In Italien wiederum – und Südtirol ist politisch Teil Italiens – sind die deutschsprachigen SüdtirolerInnen eine Minderheit. Umgekehrt verhält es sich mit der italienischsprachigen Bevölkerung: Sie ist die Mehrheit in Italien, aber eine Minderheit in Südtirol. Sie ist die Minderheit in vielen kleineren Südtiroler Orten, aber auch in Bruneck oder Brixen, sie – die italienischsprachige Bevölkerung – ist aber die Mehrheit in Bozen. Das bedeutet konkret, dass sich der Status je nach Perspektive bzw. Umfeld ändern kann.

Und zum „Selbstbestimmungsrecht der Völker": Es klingt gut und einleuchtend, dass die „Völker" selbst über die Zugehörigkeit zu einem Staat – eventuell die Unabhängigkeit – bzw. über ihren Status bestimmen. Oft zu hören ist vom Selbstbestimmungsrecht für Südtirol(erInnen). Speziell die FPÖ wird nicht müde, solches zu fordern. Wer aber ist – um beim genannten Beispiel Südtirol zu bleiben – das „Volk"? Gehört dazu nur die deutschsprachige Bevölkerung? Oder gehören auch die LadinerInnen dazu? Und auch die Italienischsprachigen?

Würden nur die deutschsprachigen SüdtirolerInnen über ihre Interessen abstimmen, so wäre die Mehrheit vielleicht eindeutig. Aber auch wenn alle EinwohnerInnen Südtirols abstimmten, so könnte es sehr gut möglich sein, dass die Interessen der deutschsprachigen Mehrheit durchgesetzt würden. Die italienischsprachige ebenso wie die ladinische Bevölkerungsgruppe hätten in diesem Fall das Nachsehen. Selbst wenn klar schiene, wer nun konkret berechtigt wäre, dieses „Selbstbestimmungsrecht" auszuüben, bliebe unklar, wie das Ergebnis zu bewerten ist. Wenn eine simple Mehrheitsentscheidung getroffen wird, würden Minderheitenrechte verletzt.

Um ein anderes Beispiel zu nehmen: Im Zuge der Unabhängigkeitserklärung des Kosovo im Februar 2008 wurde wiederholt auf das Selbstbestimmungsrecht verwiesen. Soll dieses nur für Kosovo-AlbanerInnen gelten (ca. 90% der Bevölkerung), oder auch für die etwa 10% ethnischen Serben?

VOLK UND „DEUTSCHE KULTURGEMEINSCHAFT"

Der Begriff „Volk" gehört auch zum zentralen Sprachschatz der FPÖ. Im Februar 2009 richtete die FPÖ Tirol eine Landtagsanfrage an die zuständige Landesrätin Beate Palfrader: Welche Maßnahmen sie zu ergreifen gedenke, „um fremdvölkische Kinder in die deutsch-österreichische Sprach- und Kulturgemeinschaft zu überführen."[85] Fremdvölkische Kinder sind das eine, die deutsch-österreichische Sprach- und Kulturgemeinschaft das andere. Der Begriff „fremdvölkisch" wurde von den Nazis in verschiedenen Zusammenhängen verwendet; entweder wenn es um polnische Zwangsarbeiter ging oder aber um Menschen mit Behinderung oder um den allgemeinen Nazi-Rassenwahnsinn. Gemeint war damit, „nicht zum Deutschen Volk gehörig".

Wie die deutsche Sprache zu retten wäre, definierte die FPÖ im Januar 2009 mit einem Initiativantrag an das Parlament. Es geht um ein „Bundesgesetz zum Schutz und Erhalt der deutschen Sprache". So sollen öffentlich-rechtliche und private Radiosender verpflichtet werden, mindestens 40% deutschsprachige Musik zu senden, davon müssen wiederum mindestens 50% von neuen Talenten oder Produktionen aus dem deutschsprachigen Raum stammen. Vergehen dagegen sollen durch Verwaltungsstrafen geahndet werden. Dass der Antrag im Parlament eher mit Lächeln quittiert wurden, sei nebenbei bemerkt. Gerhard Kurzmann[86], einer der FPÖ-Abgeordneten, die diesen Antrag einbrachten, ist auch stellvertretender Obmann der IG Muttersprache, deren „Leitseite" (homepage) ein klares Bekenntnis für die deutsche Sprache und gegen Anglizismen/Amerikanismen fordert – u.a. mit dem Gedicht „Den ‚Sprachbimbos' ins Stammbuch", in dem gegen englische Wörter wie happy und sorry und jogging gewettert wird.

Geläufig muss für die FPÖ auch die deutsche Kulturgemeinschaft sein. Bis zum Parteiprogramm von 1997 war das Bekenntnis zur „deutschen Volks- und Kulturgemeinschaft" Fixbestandteil des FPÖ-Programms. Damals wurde der Passus gestrichen. Nur mehr deutsch war nicht so gefragt, mittlerweile redet die Tiroler FPÖ also von „deutsch-österreichisch", und aus der „Volks- und Kulturgemeinschaft" wurde die „Sprach- und Kulturgemeinschaft".

Titel von Kapitel VI des FPÖ-Programms ist das „Recht auf Heimat": „Unter Heimat sind die demokratische Republik Österreich und ihre Bundesländer, die historisch ansässigen Volksgruppen (Deutsche, Kroaten, Roma, Slowaken, Slowenen, Tschechen und Ungarn) und die von ihnen geprägte Kultur zu verstehen, wobei von der Rechtsordnung denklogisch vorausgesetzt wird, daß die überwiegende Mehrheit der Österreicher der deutschen Volksgruppe angehört." (Kapitel VI, Absatz 1).
Zunächst ist diese Formulierung nicht weiter auffällig. Die Rede ist von „historisch ansässigen Volksgruppen". Der Begriff Volksgruppe wird in Österreich allerdings für autochthone Minderheiten verwendet, die nach dem Volksgruppengesetz als solche anerkannt sind und eben schon seit Jahrhunderten im Gebiet des heutigen Österreich leben. Es wird von der FPÖ aber eine neue Volksgruppe kreiert: die deutsche. Das widerspricht der juristischen und politischen Terminologie und gleichzeitig wird für die deutschsprachige Mehrheit in Österreich Minderheitenschutz eingefordert. Damit wird Minderheitenschutz obsolet.
Erläuternd wird in Absatz 3 das österreichische Volksgruppenrecht ins Spiel gebracht, dieses „listet als Schutzobjekte die einzelnen historisch ansässigen (autochthonen) Volksgruppen auf", wieder mit dem eben genannten Hinweis darauf, „daß die überwiegende Mehrheit der Österreicher der deutschen Volksgruppe angehört".
Ginge es hier um die tatsächlichen Volksgruppen, wäre diese Passage, wie gesagt, nicht weiter auffallend. Es geht aber, wenn Artikel 1 mitberücksichtigt wird – und dem ist

so, da die Erläuterungen sich auf diesen Artikel beziehen – um den Schutz der fiktiven, weil nicht als solche definierten „deutschen Volksgruppe".

Der Begriff „Volksgruppe" wird auch im „Entwurf eines Zusatzprotokolls zur Europäischen Menschenrechtskonvention zum Schutz ethnischer Minderheiten der österreichischen Bundesregierung vom 24. November 1991" klar definiert. Hier lautet Artikel 1: „Unter dem Begriff ‚Volksgruppe' ist eine Gruppe von Bürgern eines Staates zu verstehen, die a) im Hoheitsgebiet eines Staates traditionell ansässig ist, b) sich gegenüber der Mehrheitsbevölkerung des Staates oder der Region eines Staates zahlenmäßig in der Minderheit befindet, c) gemeinsame ethnische oder sprachliche Merkmale aufweist, die sie von der übrigen Bevölkerung unterscheidet, und d) über eine eigene kulturelle Identität verfügt."[87]

Von der FPÖ wird auch ein eindeutiges Bekenntnis zu einer Volksgruppe eingefordert: Wenn sich deutschsprachige ÖsterreicherInnen weder als Kroaten, Roma, Slowaken, Slowenen, Tschechen oder Ungarn definieren (können), so bleibt als letzte Gruppe jene der „Deutschen". In der gängigen Diktion wird aus „deutschsprachig" „deutsch" und es werden die deutschsprachigen ÖsterreicherInnen zu Deutschen.

Es wird damit das ursprüngliche FPÖ-Dogma der Zugehörigkeit zur deutschen Volks- und Kulturgemeinschaft nicht mehr verwendet, es geht um ein eigenständiges, aber immer noch mehrheitlich deutsches Österreich. Dadurch braucht der tiefere Sinn dieses Bekenntnisses nicht geändert zu werden, notwendig wurde nur eine stilistische Umschreibung: Österreich ja, aber deutsch.

Daraus ergeben sich Unklarheiten: Wie sollen sich jene definieren, die zwar mittlerweile österreichische StaatsbürgerInnen sind, aber z.B. als TürkInnen nach Österreich gekommen waren? Es macht für die FPÖ Sinn, dass bestimmte Gruppen nicht genannt werden. Inklusion gilt (mangels an Alternativen; man kann ja seit vielen Jahrhunderten in Österreich lebende Gruppen nicht wirklich ignorieren, man muss sie wohl oder übel akzeptieren) also für jene Gruppen, die als autochthone Minderheiten in Österreich leben, Exklusion für alle anderen. Jede Gruppe hat zwar für sich das Recht zu existieren, aber neben und nicht mit den anderen: „Das Nebeneinander und Zusammenwirken der verschiedenen Volksgruppen haben die Eigenart Österreichs bewirkt. Sie kann nur durch die Sicherung des Weiterbestandes der historisch ansässigen Volksgruppen erhalten werden ..." (Kapitel IV, Artikel 2, Erläuterungen [2]).[88]

Das aktuell gültige FPÖ-Parteiprogramm von 23.5.2005 ist in wesentlichen Teilen identisch mit dem Parteiprogramm vom 30.10.1997 – allerdings passte nach der Trennung BZÖ/FPÖ kein Programm mehr, dessen Cover (Printversion) Jörg Haider ziert – mit schönen Fotos von Westenthaler, Riess-Passer, Scheibner oder Stadler (der erst später, vor der Nationalratswahl 2008, seine Liebe zum BZÖ entdeckte).

HALTUNGEN GEGENÜBER DISKRIMINIERUNGEN – EIN EUROPÄISCHER VERGLEICH

In regelmäßigen Abständen werden EU-weit Meinungsumfragen erstellt und veröffentlicht. Diese Eurobarometer-Umfragen sind ein wichtiger Indikator für Stimmungen und Einstellungen der EU-BürgerInnen. Für „Special Eurobarometer 296“ waren im Zeitraum Februar und März 2008 insgesamt fast 27.000 Personen befragt worden, darunter mehr als 1000 aus Österreich. Thema: Discrimination in the European Union: Perceptions, Experiences, Attitudes.[89] Präsentiert wurde der Bericht im Juli 2008. Es ging um Einstellungen zu

- Personen anderer ethnischer Herkunft oder Religion
- Roma
- Menschen mit Behinderung
- Homosexuellen
- Jüngeren bzw. älteren Menschen
- Gender

Eurobarometer-Untersuchungen sind auch deshalb von Interesse, weil eine Vergleichbarkeit zwischen den 27 EU-Ländern gegeben ist – man kann nachvollziehen, wo das eigene Land im Vergleich zu anderen Ländern steht und wie der EU-Durchschnitt aussieht.
2007 war das Europäische Jahr der Chancengleichheit für alle. Ziel dieses Jahres war unter anderem, die Menschen über ihre Rechte zu informieren, Unterschiedlichkeit und

Vielfalt zu feiern und Chancengleichheit für alle Menschen in der EU zu fördern.

Deshalb wurde bereits 2006 eine Umfrage durchgeführt, diese wurde 2008 wiederholt.

Insgesamt, EU-weit, konnte dabei festgestellt werden, dass die Meinung, dass Diskriminierungen weit verbreitet seien, leicht zurückging. Die Menschen wurden auch gefragt, ob sie persönlich Diskriminierungen ausgesetzt waren, und immerhin 15% hatten solche negativen Erfahrungen gemacht. Auf die Frage, wen man lieber (nicht) als Nachbarn haben möchte (Skala von 1 – würde mich sehr stören, bis 10 – stört mich überhaupt nicht) wurde bei Menschen mit Behinderung insgesamt eine Einstufung von 9,1 gegeben; bei anderer Religion 8,5; bei anderer Ethnizität 8,1, bei Homosexuellen 7,9 und, weit darunter, wollten die wenigsten Roma als Nachbarn: bei dieser Gruppe wurde der Wert 6,0 ermittelt.

Es wurde auch gefragt, ob man sich unterschiedliche Menschen an der Spitze des Staates vorstellen könne: 9,0 war der Wert bei Menschen anderer Religion; 8,9 bei einer Frau; 8,0 bei Menschen mit Behinderung; 7,0 bei Homosexuellen; 6,4 bei jemandem mit anderer Ethnizität; ebenso 6,4 bei jemandem unter 30 und gar nur mehr 5,4 bei jemandem über 75 (Zur Erinnerung: 2005 wurde Joseph Ratzinger Papst Benedikt XVI. Er war damals 78 Jahre alt).

In der Umfrage wurden sechs Formen von Diskriminierung untersucht – wenig überraschend wurde Diskriminierung auf Grund von Ethnizität als am weitesten verbreitet vermutet. 62% vermuteten EU-weit, dass diese Form der Diskriminierung sehr oder ziemlich verbreitet sei, nur 33% waren der Meinung, sie sei selten bzw. sehr selten. Interessant dabei die Verteilung nach unterschiedlichen Ländern: In den Niederlanden (79%), in Griechenland, Frankreich, Italien und Schweden (jeweils 76%) und in Dänemark (75%) gab es die höchsten Werte bei der Annahme, ethnische Diskriminierung sei „weit verbreitet". Am wenigsten Diskriminierung auf Grund von ethnischer Zugehörigkeit wurde in Litauen (23%), Lettland (27%) und Polen (28%) vermutet. Österreich lag mit 60% fast genau im EU-Durchschnitt. Es wurde auch festgestellt, dass es Unterschiede in der Wahrnehmung gab, je nachdem, ob jemand Freunde unterschiedlicher ethnischer Herkunft hatte oder nicht: Mit solchen Freunden nahm die Sensibilität zu (EU-weit 67%, nur 55% bei jenen, in deren Freundeskreis niemand mit anderer Ethnizität war).

Insgesamt konnte aber festgestellt werden, dass die EuropäerInnen mehrheitlich keine Probleme mit Nachbarn anderer Ethnizität als der eigenen hatten. Auf einer Skala von 1 (sehr unangenehm) bis 10 (keinerlei Bedenken) lag der EU-Durchschnitt bei 8,1. An der Spitze war interessanterweise jenes europäische Land, in dem die meisten AusländerInnen leben – Luxemburg (9,2), gefolgt von Litauen, Estland, Schweden und Polen (jeweils 9,1). Am unteren Ende fanden sich Italien (6,6), die Tschechische Republik (6,5) und Österreich (6,3). Jemand mit anderer Ethnizität als Staatsoberhaupt war am ehesten in Schweden vorstellbar (8,1), der EU-Schnitt lag bei 6,4 und am unteren Ende lag wieder die Tschechische Republik (4,5) sowie Zypern (3,9).

Roma als Nachbarn waren weniger beliebt: EU-Durchschnitt 6,0; Österreich war wieder darunter (5,3), in der Slowakei (4,5), Italien (4,0) und der Tschechischen Republik (3,7) war die niedrigste Akzeptanz feststellbar. In Österreich hatten die wenigsten Menschen Roma als Bekannte/Freunde (3%). Die wenigsten Bedenken gab es in Polen (7,5) und Schweden (7,1).
Diskriminierung auf Grund von Behinderung wird ebenso sehr unterschiedlich wahrgenommen: EU-weit sahen diese Form der Diskriminierung 45% als weit verbreitet an, in Frankreich (61%), Italien (56%) und Portugal (55%) am stärksten, in Malta (21%), Irland (25%) und Zypern (30%) am wenigsten – Österreich lag mit 38% unter dem EU-Durchschnitt. Allerdings lag Österreich bei der Frage, ob jemanden Menschen mit Behinderung als Nachbarn stören würden, relativ weit hinten (8,3), EU-Durchschnitt war 9,1, der höchste Wert in Zypern mit 9,9. Jemanden mit Behinderung im höchsten Amt des Staates konnten sich in Finnland relativ viele vorstellen (9,2), EU-weit lag der Wert bei 8,0 und in Slowenien, Portugal bzw. der Tschechischen Republik war er am niedrigsten (6,2).

Diskriminierungen von Homosexuellen sahen EU-weit 51% als weit verbreitet an, in Griechenland und Zypern 73%, in Bulgarien nur 20%. In Österreich meinten 43% der Befragten, dass diese Form von Diskriminierung weit verbreitet sei. Homosexuelle Nachbarn würden in Schweden (9,5), den Niederlanden und Dänemark (jeweils 9,3) kaum Ablehnung erfahren, in Litauen (6,1), Lettland (5,5) und Bulgarien (5,3) sehr wohl. Ein homosexuelles Staatsoberhaupt würde in Schweden (9,1), Dänemark (9,0) und den Niederlanden (8,8) problemlos akzeptiert, in Rumänien (3,9), Bulgarien und Zypern (3,5) gäbe es da wesentlich mehr Bedenken.

Diskriminierung auf Grund religiöser Zugehörigkeit sahen EU-weit 42% als weit verbreitet an (in Österreich waren es 41%). Insgesamt wurde in den 15 „alten" EU-Ländern (vor 1.5.2004) mehr Diskriminierung vermutet als in den 12 „neuen". Nachbarn mit anderer religiöser Einstellung als der eigenen würden in Polen, Schweden, England, Frankreich und Irland weitgehend akzeptiert (9,2 – EU-Schnitt 8,5), am meisten Ablehnung gäbe es da wieder in Österreich (6,9), gefolgt von Italien (7,2) und Portugal (7,3). Und auch ein Staatsoberhaupt mit einer anderen Religion wäre in Österreich relativ wenig akzeptiert (8,3); lediglich Italien (8,2) und Portugal (8,1) hatten geringere Werte. Demgegenüber könnten sich das fast alle SchwedInnen vorstellen (9,8; EU-Durchschnitt 9,0).

Deutlich mehr Frauen als Männer sind der Meinung, dass es Gender-Diskriminierung gibt; insgesamt sehen 35% der Befragten diese Form der Diskriminierung als weit verbreitet an (in Österreich lediglich 27%). In Spanien sind es 54%, in Schweden 50%, in Frankreich und in Italien 49%. Nur 13% sehen in Bulgarien Gender-Diskriminierungen als weit verbreitet an und nur 20% in Irland. Eine Frau als Staatsoberhaupt bekäme EU-weit den Wert von 8,9; sehr große Zustimmung gibt es dafür in Schweden (9,8) und Dänemark (9,6); sehr wenig in Portugal (7,9), Italien und Österreich (jeweils 8,1).

Auch die Frage nach multipler Diskriminierung wurde gestellt. Dies bedeutet,

- dass jemand auf Grund zweier verschiedener Merkmale zu unterschiedlichen Zeiten Diskriminierungen erfährt;
- dass jemand zur selben Zeit Diskriminierungen auf Grund mehrerer Merkmale erfährt (additive discrimination) oder
- dass jemand auf Grund mehrerer Merkmale, die aber zusammenhängen, Diskriminierungen erfährt (intersectional disrimination; ist de facto ähnlich der additive discrimination und von dieser nicht immer trennscharf zu unterscheiden).

An der Spitze lagen Frankreich und Italien; dort meinten 49% der Befragten, dass solche multiplen Diskriminierungen weit verbreitet seien, demgegenüber meinten dies nur 17% in Litauen und lediglich 18% in Estland (Österreich 34%; EU-Durchschnitt 37%).
Abschließend wurde noch gefragt, ob im jeweiligen Land genügend Maßnahmen zur Bekämpfung von Diskriminierung gesetzt würden. EU-weit meinten dies 47% der Befragten, in Polen (30%), Lettland und Schweden (jeweils 31%) die wenigsten, in Finnland, Zypern (jeweils 66%) und den Niederlanden (64%) die meisten. Immerhin 57% der befragten ÖsterreicherInnen waren dieser Meinung.
Insgesamt konnte in der Umfrage von 2008 gegenüber 2006 ein leichter Rückgang in der Wahrnehmung von Dis-

kriminierungen gesehen werden; wie 2006 wurde aber auch 2008 die Diskriminierung auf Grund von ethnischer Herkunft als am weitesten verbreitet wahrgenommen.

EIN TÜRKE ALS LANDESHAUPTMANN?

November 2003, California Recall. Der Gouverneur muss zurücktreten, ein neuer wird gewählt. Zur Gouverneurswahl tritt ein gewisser Arnold Schwarzenegger an, ein gebürtiger Österreicher, der vor längerer Zeit in die USA ausgewandert war. Schwarzenegger war in der Filmbranche erfolgreich gewesen – nichts Unübliches für gebürtige Österreicher. Bereits lange vor ihm machten Persönlichkeiten wie Fritz Lang, Otto Preminger oder Billy Wilder in den USA Furore.

2003 entscheidet sich Schwarzenegger für eine politische Karriere – und wird zum neuen Gouverneur von Kalifornien gewählt. In Österreich löst dies eine beträchtliche Sympathiewelle für Schwarzenegger aus. Für die ZiB werden der damalige Bundespräsident Thomas Klestil und die Frau Landeshauptmann Klasnic aus der Steiermark interviewt; mit Tränen in den Augen wird vom Du-Freund Arnie berichtet, der es in der weiten Ferne zu etwas gebracht hat. Der Stoakogler Song „Steirermen san very good" wird gesungen bis gegrölt und alles in allem ist man glückstrunken und überwältigt: So weit kann es ein Österreicher bringen.

Im Juli 2004 stirbt Thomas Klestil. Schwarzenegger kommt zum Begräbnis und besucht anschließend noch die Steiermark. In einem Radiointerview erklärt er, noch immer stolz darauf zu sein, dass er aus Österreich stamme.

Nun zu einer anderen Vorstellung: angenommen, in einem österreichischen Bundesland würde der Landeshauptmann direkt gewählt, einer der Kandidaten in der Wahl wäre ein gebürtiger Türke und dieser würde die Wahl gewinnen. In der Herkunftsregion des neuen Landeshauptmannes in der Türkei würden sich Vertreter der politischen Elite in den Armen liegen und feiern, wie weit es geborene Türken im Ausland bringen können. Wenig später würde der neue Landeshauptmann dann in die Türkei reisen und dort im Radio verkünden, dass er immer noch stolz auf seine türkische Herkunft sei. Wie würde das wohl in Österreich aufgenommen werden?

Zu vermuten ist, dass sich die Sympathie für den neuen Landeshauptmann in Grenzen halten würde. Es wäre damals, nach der Wahl in Kalifornien, durchaus interessant gewesen, nicht nur die Möglichkeiten für Österreicher im Ausland, sondern auch die Chancen für Ausländer in Österreich zu diskutieren. Das war aber kein Thema.

Vermutlich wäre Barack Obama von einer Mehrheit der EuropäerInnen gewählt worden. Laut Meinungsumfragen lag er in Europa sehr deutlich vor McCain. Vermutlich wäre Obama auch von einer Mehrheit der ÖsterreicherInnen gewählt worden – allerdings nicht als österreichischer, sondern als US-Präsident.

Die Zuneigung zu Schwarzenegger kühlte dann aber ab. Trübe Wolken zogen auf, als der Governator Gnadengesuche von zum Tode Verurteilten ablehnte. Beide Seiten waren gekränkt. Und so wurde der Ehrenring der Stadt Graz postalisch aus den USA in die Steiermark zurückgesandt und das Schwarzenegger-Stadion in Graz umbenannt.

WAS TUN GEGEN RASSISMUS?

GESETZLICHE MASSNAHMEN

Rassismus wird dann möglich, wenn Menschen ungleichwertig eingestuft werden. Es geht also in erster Linie darum, diese Ungleichwertigkeit in Frage zu stellen bzw. zu beseitigen. Das klingt aber einfacher, als es in der Realität dann ist. Auch muss man die Bedeutung der Ethnizität relativieren. Wir neigen dazu, zwischen AusländerInnen und InländerInnen zu unterscheiden. Diese Unterscheidung ist aber – wie immer wieder zu sehen ist – wenig aussagekräftig. Da diese Unterscheidung aber bereits im Gesetz angelegt ist, muss dies auch einer der Ansatzpunkte sein. Dementsprechend sind (auch) gesetzliche Änderungen nötig. 1993 gab es das von der FPÖ initiierte Volksbegehren „Österreich zuerst". Die erste der damaligen Forderungen war, in der Verfassung zu verankern, dass Österreich kein Einwanderungsland sei. Wenn wir aber in die Geschichte zurückblicken, so wird schnell klar, dass Österreich immer schon sowohl Einwanderungs- als auch Auswanderungsland war. Deshalb wäre es sinnvoll, Österreich würde die Realität anerkennen und seinen Status eines Einwanderungslandes akzeptieren. Andere Länder– z.B. Kanada – sind da wesentlich offensiver und zielstrebiger.

Wenn diese Realität ernst genommen wird, können die Fremdengesetze dementsprechend geändert werden. Dazu ein Beispiel: Mitte der 1970er Jahre wurden in Schweden und in Österreich Überlegungen angestellt, wie man mit MigrantInnen umgehen solle. In beiden Ländern

war klar, dass das so genannte Rotationsmodell nicht funktioniert. Rotationsmodell hieß: Ausländische Arbeitskräfte werden ins Land geholt, um hier zu arbeiten, und nach kurzer Zeit (z.B. nach ein oder zwei Jahren) kehren sie wieder in ihre Herkunftsländer zurück.
In Österreich wurde damals das Ausländerbeschäftigungsgesetz beschlossen, das auf diesem Rotationsmodell aufbaute. Die Ausländer werden wahrscheinlich wieder in ihre ursprüngliche Heimat zurückkehren, meinte die Mehrzahl der politisch Verantwortlichen. In Schweden ging man davon aus, dass die Ausländer wahrscheinlich in Schweden bleiben würden – und die Gesetze sahen völlig anders aus. Unter anderem gab es gratis Schwedischkurse für Ausländer.
Das Ziel gesetzlicher Maßnahmen muss also die Herstellung von Chancengleichheit sein. Selbst wenn der Wille dazu besteht, wird das – wie in anderen Bereichen – auch bei der Bekämpfung von Rassismus sehr lange dauern.

INTEGRATION

Ein weiterer Punkt ist Integration. Wenn die bereits bestehende Heterogenität in einer Gesellschaft durch den Zuzug neuer Gruppen noch größer wird, muss Integration offensiv betrieben werden. Andernfalls sind soziale Spannungen wahrscheinlich.
Im Jahr 2005 gab es massive Ausschreitungen in Vororten französischer Städte, den Banlieues. Es waren vorwiegend Jugendliche mit Migrationshintergrund, die Nacht für Nacht Autos in Brand steckten und randalier-

ten. Sie leben in Gebieten, in denen die Arbeitslosigkeit exorbitant hoch ist und in denen die Chancen auf sozialen Aufstieg gegen null gehen. Und sie erleben Diskriminierung aufgrund ihrer Abstammung. In einem Interview erzählt einer der Jugendlichen, dass er sich immer wieder um Jobs bewerbe, diese aber dann nicht bekomme, wenn der potenzielle Arbeitgeber seinen Namen höre. Obwohl die meisten der betroffenen Jugendlichen französische Staatsbürger sind, erleben sie tagtäglich Benachteiligungen.

Michel Beuret, Journalist des Schweizer Magazins *L'Hebdo*, verbrachte einige Zeit in der Pariser Banlieue Bondy. In einem Interview mit dem *Spiegel* meint Beuret auf die Frage, ob er die Aggressivität verstehen könne: „Ja – ohne sie zu rechtfertigen. Es gibt subjektive Gründe und objektive. Die Jugendlichen hier haben verstanden: Wenn sie anfangen zu randalieren, kommt der Staat mit Geld. Die objektive Realität: Die Arbeitslosigkeit beträgt hier über 40%. Die Jungen sehen, wie ihre großen Brüder eine Ausbildung abschließen und dann wegen ihres Namens keinen Job bekommen. Sie leben mit ihren Eltern, die mit 380 Euro Sozialhilfe im Monat auskommen müssen, in winzigen Wohnungen."[90]

Der spätere Präsident Sarkozy meinte in diesen Zeiten, man müsse die Gegenden mit dem Kärcher reinigen.

Integration wurde in Österreich lange Zeit mit Assimilierung gleichgesetzt. Im Gesetz gab es die Integrationsvereinbarung – die Verpflichtung zu Deutschkursen. Zweifelhaft war damals u.a. der pädagogische Ansatz: Es waren keine Anreize bei Erfüllung des Vertrags, sondern

Strafen bei Nichterfüllung desselben vorgesehen, und viele ExpertInnen bezweifelten, dass es sinnvoll möglich sei, in den vorgesehenen 100 Stunden Deutsch zu lernen. Zweifelhaft war auch die verwendete Begrifflichkeit: Eine „Vereinbarung" wird üblicherweise im Einvernehmen zweier Vertragspartner getroffen. Hier war das anders – die Vereinbarung wurde verordnet. Mittlerweile gibt es die Integrationsinitiative des Innenministeriums (www.integration.at), in der Praxis wird dieses Thema aber nach wie vor nur sehr oberflächlich betrachtet. Wie Integration aussehen könnte und vor allem welcher Beitrag von der Aufnahmegesellschaft kommen müsste, wird mehr oder weniger offen gelassen.

Zielsetzung von Integration muss Chancengleichheit sein – und dazu sind von beiden Seiten Leistungen zu erbringen. Wenn AusländerInnen in Österreich nahegelegt wird, die deutsche Sprache zu erlernen, so ist dies ein sehr sinnvolles Unterfangen. Die zentrale Frage ist aber, wie dieses Projekt durchgeführt wird – Androhung von Sanktionen ist sicher nicht der pädagogisch sinnvollste Weg. Wer in Österreich die deutsche Sprache nicht beherrscht, hat massive Nachteile. Außer Frage steht auch, dass die „Spielregeln" anerkannt werden müssen, sprich die Grund- und Menschenrechte und die anderen österreichischen Gesetze von AusländerInnen eingehalten werden müssen.

Es muss aber auch die Aufnahmegesellschaft ihren Beitrag leisten. Der besteht nicht darin, dass ÖsterreicherInnen andere Sprachen lernen, sondern darin, dass die gesetzlichen Regelungen die Aufnahme von Zuwanderern möglich machen und dass auch andere Institutionen, Ver-

eine, Vereinigungen – kurz alle gesellschaftlichen Einrichtungen – offen werden für Neuzuzug.
Diskriminierung muss überdies einklagbar sein. Hier ist Österreich – wie die anderen 26 EU-Mitgliedsländer – im Zugzwang. Antidiskriminierungsgesetze wurden in den meisten Ländern erst durch Druck seitens der EU verabschiedet.
Es ist nicht einfach, als Schwarzer in Österreich zu leben. „Ich dachte, sie würden mich umbringen. Ich habe um mein Leben gekämpft“[91], erzählt Michael Brennan. Im Februar 2009 wird er in Wien von Polizisten in Zivil festgehalten und geschlagen. Der Afroamerikaner ist Lehrer und auf dem Weg in seine Schule, wird aber mit einem vermeintlichen Drogendealer verwechselt. Nach zehn Minuten geben sich die Polizisten als solche zu erkennen und entschuldigen sich – aber nicht beim Opfer, sondern bei dessen (weißer) Freundin.
Später meint der Wiener Polizeichef, dass die Hautfarbe auch künftig nicht vor polizeilicher Überprüfung schützen werde. Später meint er auch, dass die Verletzung unabsichtlich geschehen sei. Wäre ohne Verwechslung, bei einem „echten“ Drogendealer, eine Verletzung absichtlich geschehen? Und wie ist der zynische Seitenhieb zu verstehen, dass Hautfarbe nicht vor Polizeimaßnahmen schütze?
In einem Bericht des US-Außenministeriums ist die Rede von exzessiver Verwendung von Gewalt durch die österreichische Polizei, berichtet wird, dass von Teilen der Polizei Personen geschlagen und misshandelt werden; insbesondere gäbe es Besorgnis über Berichte von Polizeibrutalität gegenuber Schwarzafrikanern und Roma.

ERWEITERUNG DES BEGRIFFES RASSISMUS

Philipp Sonderegger ist Sprecher von SOS-Mitmensch. „Rassismus muss normal werden", schreibt Sonderegger im Februar 2009.[92] Sonderegger kritisiert, dass Rassismus oftmals nur auf die sichtbare, „harte" Variante beschränkt wird und dass es notwendig sei, Rassismus weiter zu fassen. Durch Rassismus werden nicht nur bestimmte Gruppen benachteiligt, sondern andere bevorzugt. Oder: „Durch die Diskriminierung dieser Gruppen wird die Privilegierung anderer Gruppen aufrechterhalten ... Dementsprechend kann Rassismus auch nicht beendet werden. Antirassismus bedeutet, gegen Rassismus als selbstverständlichen Teil des Alltags zu arbeiten – bei sich selbst und den anderen. Antirassismus bedeutet nicht, RassistInnen loszuwerden, sondern in erster Linie soziale, ökonomische und kulturelle Rahmenbedingungen zu verändern, welche die Privilegierung von Personengruppen erlauben."[93]

Doch so sieht ein Teil der Realität aus: Auf der Saualm in Kärnten werden Asylwerber interniert, gegen die „Verdachtsmomente" bestehen. Wenn Erhebungen gegen jemanden durchgeführt wurden, so bestehen solche Verdachtsmomente, erklärte Landeshauptmann Dörfler im Ö1-Mittagsjournal am 16.2.2009. Verdachtsmomente bestehen in dieser Logik also selbst dann, wenn die Staatsanwaltschaft kein Verfahren gegen die betreffenden Personen eingeleitet hat. Auslöser für das Interview war die Tatsache, dass im Herbst 2008 16 Asylwerber auf die Saualm gebracht worden waren und Landeshauptmann Dörfler damals betont hatte, diese Menschen seien nachweislich straffällig und verurteilt worden. Die Staatsanwaltschaft erklärt später, dass sechs dieser Personen völlig unbescholten waren. Ob er, Dörfler, sich nun bei diesen Menschen entschuldigen werde? „Niemals! Die Saualm ist ja ein Nobelhotel im Vergleich zu tschetschenischen Wohn- und Lebensverhältnissen."[94] Ermöglicht werden solche Vorgehensweisen durch die Tatsache, dass durch mediale Wiederholung der Eindruck entsteht und sich verfestigt, dass (in diesem Fall tschetschenische) Asylwerber kriminell seien. Irgendetwas wird daran schon stimmen. Die Saualm sei eine Einrichtung, die für jeden gut genug sei. Nach dem (zynischen) Motto: Nutzt's nix, schadt's nix.

EMPFEHLUNGEN VON MENSCHENRECHTSORGANISATIONEN

Von 1997 bis 2007 gab es in Wien das EUMC – European Monitoring Centre on Racism and Xenophobia, seit 2007 gibt es die Nachfolgeorganisation European Union Agency for Fundamental Rights (FRA) – die Agentur der Europäischen Union für Grundrechte. Eine der Publikationen der FRA ist der Jahresbericht, und in diesen Jahresberichten gibt es eine Reihe von Vorschlägen für die EU-Mitgliedsländer. Grundsätzlich wird die Notwendigkeit von Antidiskriminierungsgesetzen bzw. Sanktionsmöglichkeiten gegen rassistische Diskriminierungen betont. Dadurch könne einerseits das Vertrauen der Opfer gestärkt und andererseits das Bewusstsein für mögliche legistische Maßnahmen geweckt werden.

Konkret fordert die FRA in ihrem Jahresbericht 2008[95]:

- Unabhängige, ausreichend ausgestattete Gleichbehandlungseinrichtungen (equality bodies). Sie müssen für Opfer ohne Hürden erreichbar sein, damit diese Einrichtungen ihrerseits die Opfer effektiv vertreten können.
- Datensammlung und -evidenz über rassistisch motivierte Straftaten. Über diese muss öffentlich berichtet werden. Umgekehrt braucht die Gesellschaft unabhängige Polizeieinrichtungen, bei denen BürgerInnen polizeilichen Missbrauch und nicht gerechtfertigte Gewaltanwendung melden können. Diese Einrichtungen müssen unabhängig von Ministerien bzw. Regierung sein.

- Ausmaß und Mechanismen von Diskriminierungen in den Bereichen Wohnen, Arbeitswelt und Gesundheit sind klarer und umfassender zu dokumentieren;
- Antidiskriminierungs- und Diversitytrainings sollen von Regierungen und Arbeitgebern intensiver angeboten werden.
- Die Anzahl von billigen, leistbaren Wohnungen muss erhöht werden. Vor allem müssen alle Anstrengungen unternommen werden, um Angehörige von Minderheiten hier nicht zu diskriminieren.
- Der Ungleichheit in Bildungssystemen muss entgegengewirkt werden. Alle Bevölkerungsgruppen – inklusive AsylwerberInnen und Menschen ohne Papiere – müssen Zugang zum Bildungssystem haben.
- Menschen, die im Gesundheitssystem tätig sind, müssen kulturell sensible Unterschiede nähergebracht werden.

Zahlreiche Vorschläge und Empfehlungen werden auch im weiter oben bereits ausführlich behandelten ECRI-Bericht zu Österreich vorgestellt. Es geht dabei unter anderem um:

- besseren Schutz vor Diskriminierung auf Grund der Staatszugehörigkeit;
- eine flexiblere Einstellung zur Doppelstaatsbürgerschaft – vor allem für in Österreich geborene Menschen (laut Volkszählung von 2001 lebten damals mehr als 115.000 Menschen in Österreich, die zwar hier geboren wurden, nicht aber die österreichische Staatsbürgerschaft besitzen);
- ständige Kontrolle bzw. Überprüfung der Wirksamkeit strafrechtlicher Bestimmungen zur Bekämpfung von Rassismus und Fremdenfeindlichkeit;
- ständige Erhebung diesbezüglicher statistischer Daten;
- weitere Verbesserung der Ausbildung von Personen in der Verwaltung;
- intensive Kooperation mit NGOs;
- Untersuchungen zur Häufigkeit direkter und indirekter Rassendiskriminierung in der Strafgerichtsbarkeit (besonders auch der Situation in Untersuchungshaft und Gefängnissen);
- die Einrichtung eines eigenen Organs zur Bekämpfung von Rassismus;
- Installierung von Menschenrechtserziehung als Pflichtfach in allen Schultypen;
- Wahrung des Rechts von Nichtstaatsbürgern auf Privat- und Familienleben;

- Erleichterungen des Zugangs zum Arbeitsmarkt für jene, die im Zuge der Familienzusammenführung nach Österreich kommen;
- Installierung des aktiven und passiven Wahlrechts für Nicht-EU-StaatsbürgerInnen auf lokaler Ebene;
- verbesserte Angebote zur Sprachausbildung;
- vermehrte Information über „best practice"-Beispiele;
- Durchführung von Studien zur Ermittlung diskriminierender Praktiken und Hindernisse sowie von Ausschlussmechanismen im Bereich des öffentlichen und privaten Wohnbaus;
- Intensivierung interkultureller Erziehung;
- Überprüfung der Überrepräsentation von Kindern mit Migrationshintergrund in Sonderschulen und entsprechende Gegenmaßnahmen;
- Gleichstellungen am Arbeitsmarkt – unabhängig von der Staatsbürgerschaft;
- deutliche Besserung der Maßnahmen gegen Diskriminierung von Schwarzafrikanern, Muslimen und Roma;
- dringende Empfehlung an österreichische Behörden, sich rassistischer und stigmatisierender Äußerungen über Angehörige nationaler Minderheiten zu enthalten;
- bessere Maßnahmen gegen Menschenhandel.

Auch andere Bereiche werden angesprochen – von Maßnahmen gegen Antisemitismus bis zu klareren Positionen gegen diskriminierende Berichterstattung in Medien. Und immer wieder geht es um bessere Ausbildung bzw. Schulung von PolizistInnen. Auch sollte vermehrt versucht werden, Personen von Minderheitengruppen für den Polizeidienst zu gewinnen. Als Anfang 2009 der Telfer Gemeinderat Hans Ortner (selbst Polizist) anregte, es sollten doch mehr Personen mit Migrationshintergrund in den Polizeidienst eintreten, kam von der lokalen FPÖ-Vertretung postwendend eine Ablehnung solcher Vorschläge.

Selbstverständlich wird im Bericht auch auf politische Parteien eingegangen; ein Vorschlag lautet, jenen Parteien, deren Mitglieder für rassistische bzw. diskriminierende Handlungen verantwortlich sind, staatliche Finanzmittel zu streichen.

Abschließend wird das Thema Asylwerber angesprochen; hier müsse das Prinzip des Non-Refoulement[96] umfassend beachtet werden, außerdem sei zu gewährleisten, dass AsylwerberInnen ausreichend und vollständig versorgt werden, lautet eine weitere Empfehlung des ECRI.

XENOPHOBIE –

FREMDENFEINDLICHKEIT UND ANDERE FEINDBILDER

Fremdenfeindlichkeit heißt, ablehnend auf Fremde bzw. Fremdes zu reagieren. Ablehnung kann Angst, Scheu, Furcht, Hass und Ähnliches mehr bedeuten. Folge dieser Ablehnung ist meist Ausgrenzung.

Fremd kann vieles sein. Fremd kann jemand aus Gallneukirchen in Wien sein (und umgekehrt, jemand aus Wien in Gallneukirchen); fremd können Eigenschaften sein, die jemandem nicht passen oder unbekannt sind. Entscheidend ist auch hier wieder die Zuschreibung, sind auch hier wieder die Normen und die Normalität. Was als normal empfunden wird, ist jedenfalls nicht fremd. Aber was wird als normal empfunden und wer definiert das?

Für viele in Österreich ist es normal, an lauen Sommertagen zu grillen. Nicht normal ist es anscheinend, wenn dies Ausländer in Österreich tun. Normal ist, auf Parkbänken zu sitzen. Nicht normal ist das anscheinend, wenn es AusländerInnen tun (vor allem, wenn es mehrere auf einmal sind). Normal ist, dass Kinder Spielplätze benutzen. Nicht normal scheint zu sein, wenn dies Ausländerkinder tun. Dann kann es sogar passieren, dass jemand zum Gewehr greift und auf diese Kinder schießt – wie im Juni 2007, als ein 26-Jähriger aus seinem Fenster in Wien Favoriten auf einen achtjährigen, im Freien spielenden Buben schoss.

Das Thema „Ausländer“ hat eine lange Geschichte. Ebenso die Ausländerfeindlichkeit bzw. Fremdenfeindlichkeit.

In den 1970er Jahren gab es das Plakat „I haaß Kolaric, …“. Ein kleiner Junge stand vor einem Erwachsenen und sagte: „I haaß Kolaric, du haaßt Kolaric. Warum sogn's zu Dir Tschusch?“ Damit sollte der Fremdenfeindlichkeit entgegengewirkt werden.

Bis herauf in die 1980er Jahre wurden Flüchtlinge in Österreich meist wohlwollend aufgenommen, eine Trendwende kann rund um das Jahr 1990 festgemacht werden. Noch 1989 wurden Flüchtlinge aus der zu Ende gehenden DDR in Österreich herzlich begrüßt. Damals lag der Kommunismus in Europa in den letzten Zügen, das alte Feindbild Kommunismus funktionierte aber noch. Flüchtlinge wurden ähnlich willkommen geheißen wie 1981 (Kriegsrecht in Polen), 1968 (Niederschlagung des Prager Frühlings) oder 1956 (Niederschlagung des Ungarnaufstands). Die Feinde unserer Feinde waren unsere Freunde. Außerdem waren sie weiße europäische Nachbarn (und viele blieben nur eine kurze Zeit in Österreich).

Das sollte sich sehr rasch ändern. Als im Frühjahr 1990 eine größere Anzahl von Asylwerbern im kleinen Ort Kaisersteinbruch untergebracht werden sollte, entstand der Begriff „Ausländerfrage“.[97] In der *Kronen Zeitung* war die Rede von einer „riesigen Flutwelle von Auswanderern“, von einer Flüchtlingsinvasion, eine Million Bulgaren und 8 Millionen Russen kämen ebenso wie 13.000 Araber; eine „Invasion von arbeitslosen Polen“ wurde vermutet.

Ein neues Thema hatte in den medialen, politischen und gesellschaftlichen Diskurs Eingang gefunden und ist seitdem nicht mehr wegzudenken. 1990 war etwas eingetreten, womit vorher nur wenige gerechnet hatten: Plötzlich hatten jene Menschen, für die andere Menschen in liberalen westlichen Demokratien wie Österreich jahrzehntelang Menschenrechte eingefordert hatten, diese Menschenrechte auch erlangt. Und sie nutzten die neu gewonnene Freiheit. So ernst war es also anscheinend doch nicht gemeint mit der Forderung nach Reisefreiheit für PolInnen, TschechInnen oder RumänInnen, als diese sich wirklich aufmachten, nach Österreich zu kommen. Und so manche, die begeistert Gyula Horn und Alois Mock beim Zerschneiden des Eisernen Vorhangs zugejubelt hatten, schienen diesen Eisernen Vorhang am liebsten wieder errichten zu wollen.

Es war auch das Feindbild Kommunismus abhanden gekommen. Und wie wir wissen, kann ein Feindbild für die Kreation eines Selbstbildes sehr wichtig sein: Der andere ist jedenfalls das, was wir nicht sind. Identifikation findet hier durch Abgrenzung statt.

Das Thema „Ausländerproblem in den Griff bekommen" lag im Frühjahr 1990 erst an 11. Stelle der politischen Prioritätenliste, ein Jahr später bereits auf Rang 7, im Herbst 1991 auf Rang 3 und im Frühjahr 1992 auf Rang 2. In der *Aula*, dem Publikationsorgan der Freiheitlichen Akademikerverbände, warnte Andreas Mölzer (er war lange Zeit Chefredakteur dieses Blattes) bereits 1989 vor der „drohenden Umvolkung". Die 1989 in der *Aula* veröffentlichte Lorenzener Erklärung des Lorenzener Kreises, einer Gruppe damals führender FPÖ-Funktionäre (die bereits 1986 maßgeblich am Obmannwechsel von Norbert Steger zu Jörg Haider beteiligt gewesen waren), ging in die gleiche Richtung. Das Wahlmotiv „weil die FPÖ in der Ausländerfrage den richtigen Standpunkt vertritt" war bei der Analyse der Wahlmotive 1986 gar nicht abgefragt worden, bei der Nationalratswahl 1990 war es für 39% der FPÖ-WählerInnen ausschlaggebendes Thema. Die FPÖ spekulierte mit kalkulierten politischen Tabuverletzungen, dem Aufbau von Feindbildern und diffusen politischen Ängsten, betonte ihre Abneigung gegen soziale Randgruppen und instrumentalisierte schließlich Fremdenfeindlichkeit.[98]

Es folgte das Jahr 1993 und das Volksbegehren „Österreich zuerst". Der FPÖ ging es mit diesem Volksbegehren um eine Reduzierung der Rechte von AusländerInnen in Österreich (u.a. um eine Deckelung der Anzahl von SchülerInnen nichtösterreichischer Staatsbürgerschaft in einer Klasse). Insgesamt blieb das Ergebnis wohl hinter den Erwartungen, knapp 417.000 Menschen unterschrieben (7,3% der Wahlberechtigten; 13. Platz in der Rangliste der Volksbegehren). Es war aber erstmals eine Gegenreaktion größeren Umfangs gegen diese Mobilisierung xenophober Ängste feststellbar: Es gab Lichterketten in ganz Österreich, in Wien zogen etwa 250.000 Menschen durch die Straßen, um ihren Unmut gegen diese Art der negativen Emotionalisierung kundzutun.

Kurz später erschreckten Briefbomben Österreich – eine geheimnisvolle Bajuwarische Befreiungsarmee zeichnete dafür verantwortlich, später wurde Franz Fuchs deswegen verhaftet und verurteilt.

FEINDBILD ROMA UND SINTI

Die Briefbomben wurden an bekannte Personen verschickt, von denen angenommen wurde bzw. bekannt war, dass sie sich für AusländerInnen einsetzten. Nach Oberwart wurde keine Briefbombe geschickt, dort wurde am 4.2.1995 eine Rohrbombe aufgestellt. Daran befestigt eine Tafel mit der Aufschrift: „Roma zurück nach Indien". Diese Bombe wurde auffällig neben einer Romasiedlung in Oberwart platziert. Der perfide Hintergedanke dabei war, dass wohl nur jemand aus dieser Siedlung die Bombe entfernen und diese dabei explodieren würde. Das geschah auch: Bei der Explosion wurden vier Männer aus der Siedlung getötet.

„Roma zurück nach Indien": Viele in Österreich bemerkten erst nach diesem Verbrechen, dass Roma selbstverständlich österreichische StaatsbürgerInnen waren/sind und dass Roma und Sinti – spät, aber doch (1993) – als eigene Volksgruppe anerkannt worden waren.

Die Roma sind eine der am häufigsten diskriminierten Minderheiten in Europa. Zahllose Fälle wurden in den letzten Jahren kolportiert, unter anderem jener aus der Tschechischen Republik, wo Nachbarn durch einen knapp zwei Meter hohen Zaun vor den Menschen in einer Romasiedlung „geschützt" wurden. Sie hatten sich über Lärm und Schmutz beklagt.

Zu einem Eklat kommt es im Zuge des Wahlkampfs zum EU-Parlament im Mai 2009 in Tschechien. Im öffentlich-rechtlichen tschechischen Fernsehen wird ein Werbespot von Narodni Strana (NS; Nationale Partei) ausgestrahlt, in dem – ganz in Nazi-Manier – die „Endlösung der Zigeuner-Frage" versprochen wird. Die NS wolle „keine Parasiten unter uns" und insgesamt die „Repatriierung [der Roma] in ihr Herkunftsland, also nach Indien."[99] Zu Beginn des Werbespots begegnet uns ein Bild, das 2007 bereits die Schweizerische Volkspartei verwendet und das ihr zu Recht den Vorwurf eingebracht hatte, Rassismus zu schüren: Weiße Schafe drängen ein schwarzes von der Landesflagge. Im Februar 2009 werden in Ungarn ein 27-jähriger Vater und sein vierjähriger Sohn erschossen. Deren Haus war in Brand gesteckt worden, und beim Versuch, aus dem brennenden Haus zu fliehen, wurden die beiden Roma, Róbert und Robi Csorba, mit Schrotflinten ermordet. Die Polizei fand Benzinkanister und Geschoßhülsen – wollte aber dennoch weismachen, dass es sich um einen Unfall gehandelt habe. „Sie haben sie niedergemetzelt, wie bei einer Treibjagd", meinte dazu Vater bzw. Großvater Csaba Csorba. Ein defekter Heizstrahler habe den Brand ausgelöst, herabfallende Dachbalken hätten die beiden unter sich begraben, so die Polizei. Erst nachdem die Vertreterin der lokalen Roma-Selbstverwaltung Roma-PolitikerInnen, darunter die EU-Abgeordnete Viktória Mohácsi, informiert hatte, wurde von Mord gesprochen und Ermittlungen begannen.[100]

Seit einiger Zeit setzt sich die Ungarischen Garde unter anderem gegen „Zigeunerkriminalität" ein. Die Ungarische Garde: In schwarzen Uniformen, die an jene der Pfeilkreuzler, der ungarischen Faschisten, erinnern, marschieren sie auf, hetzen gegen Roma und andere ihnen verhasste Gruppen (z.B. Liberale) und möchten Ruhe und

Ordnung wiederherstellen. Gegründet wurde die Ungarische Garde 2007 – als Reaktion auf die Unruhen in Ungarn 2006. Von Gott erhoffen sie, dass er ihnen eine bessere Zukunft geben möge. Sie organisieren Umzüge – „Nachtspaziergänge zur Verbesserung der öffentlichen Sicherheit" –, gerne in Gegenden, in denen Roma leben. Am 15. März 2009 – der 15. März ist der ungarische Nationalfeiertag – wurden am Budapester Heldenplatz 650 neue Mitglieder aufgenommen. Und das, obwohl im Dezember 2008 der Trägerverein der Ungarischen Garde in erster Instanz verboten worden war. Begründung: Die Vereinigung jage der Roma-Bevölkerung und anderen Gruppen Angst ein und verstoße damit gegen das Vereinsrecht.

Ungarn ist nicht allein: In der slowakischen Stadt Košice wurden im Frühjahr 2009 sechs Polizisten vom Dienst suspendiert, nachdem sie sechs Roma-Kinder malträtiert hatten. Unter anderem mussten sich die Buben gegenseitig ohrfeigen und nackt ausziehen.

Auch in Italien wächst die Stimmung gegen die Roma, Fackelzüge werden organisiert, Aufrufe zur Selbstjustiz, es gibt „eine Pogromstimmung, die von Medien und Parteien wie der Lega Nord systematisch angeheizt wird."[101]

Andreas Mölzer möchte weiterhin, nach den EU-Wahlen 2009, mit der Lega Nord kooperieren („Wir werden mit der Lega Nord, das ist unsere italienische Referenzpartei, zusammenarbeiten."[102]). Deren Funktionär Giorgio Bettio vertritt die Meinung, dass man Immigranten gegenüber SS-Methoden anwenden müsse: „Zehn Einwanderer bestrafen, wenn einer gegenüber einem italienischen Staatsbürger straffällig wird."[103]

Bereits 2007 wurde der Versuch gemacht (siehe auch S. 51f.), die rechtspopulistischen bzw. rechtsextremen Parteien im Europaparlament zu einer Fraktion zusammenzuführen. In dieser Fraktion war – neben Andreas Mölzer (FPÖ) – auch Dimitar Stojanow, ein junger Abgeordneter von Ataka, einer rechtsextremen Partei aus Bulgarien. Im Herbst 2006 – damals noch nicht als Abgeordneter, Bulgarien wurde erst Anfang 2007 EU-Mitglied – hatte er rassistische und sexistische Bemerkungen von sich gegeben. Die ungarische Fidesz-Abgeordnete Lívia Járóka, Mitglied der EVP und Romni, sollte mit dem Preis als beste EU-Abgeordnete geehrt werden. Darauf schrieb Stojanow einen Brief an das Europäische Parlament und meinte, er kenne Tausende Zigeunermädchen in seinem Land, die viel schöner seien als Járóka. Wer wolle, könne sie kaufen, „zu € 5.000,- das Stück".[104]

FEINDBILD ISLAM

Die Empörung nach den Morden von Oberwart legte sich bald wieder, Fremdenfeindlichkeit blieb ein Thema. Was in den 1990er Jahren noch wenig bemerkbar war, war die Verknüpfung von Fremdenfeindlichkeit und Religion.

Die FPÖ hatte zwar in ihrem neuen Parteiprogramm von 1997 ihre Liebe zum Christentum entdeckt, diese neue Liebe wird auch im (weitgehend mit dem 1997er Programm identen) Programm von 2005 betont. Seit ihrer Gründung Mitte der 1950er Jahre hatte die FPÖ nicht wirkliches Interesse am Christentum gezeigt. Das wurde jetzt anders: „Das Antlitz Europas wurde in entscheidender Weise vom Christentum in seiner konfessionellen Vielfalt geprägt. Darüber hinaus wurde Europa auch durch Judentum und andere nichtchristliche Religionsgemeinschaften beeinflußt" (sic, R.G.) und „Die europäischen Rechtsordnungen fußen einem christlichen Grundwertekonsens" (sic, R.G.) steht in Kapitel V zu lesen. Deshalb müsse das Christentum seine Werte verteidigen, hier seien die Freiheitlichen „ideelle Partner der christlichen Kirchen". (Wenige Zeilen später wird die FPÖ „natürlicher Partner der christlichen Kirchen").

Denn schon droht Gefahr: „Durch vielfältige Strömungen sind diese Grundlagen jedoch gefährdet. Der zunehmende Fundamentalismus eines radikalen Islams und dessen Vordringen nach Europa, aber auch ein hedonistischer Konsumismus, ein aggressiver Kapitalismus, das Zunehmen von Okkultismus und pseudoreligiösen Sekten und schließlich ein in allen Lebensbereichen vermehrt feststellbarer Nihilismus bedrohen den Wertekonsens, der deshalb verlorenzugehen droht" (Kapitel V, Art. 2, Abs. 2). Die Trennung von Kirche und Staat müsse institutionell, dürfe aber keine geistige Trennung sein. Andere anerkannte Religionsgesellschaften werden am Rande erwähnt.

Neben der neu entdeckten Liebe zum Christentum wird der „Fundamentalismus eines radikalen Islams" erwähnt. Interessant, aber nicht wirklich verwunderlich ist, dass dieser in eine Reihe mit hedonistischem Konsumismus, aggressivem Kapitalismus, Okkultismus, pseudoreligiösen Sekten und Nihilismus gestellt wird. Es geht also auch programmatisch um eine unterschwellige Einordnung des Islam: Nicht von Islamismus ist die Rede, sondern von einem radikalen Islam. Und Fundamentalismus wird reduziert auf den Islam. Keine Rede von katholischem Fundamentalismus (von Engelswerk bis Opus Dei), keine Rede von jüdischem oder hinduistischem Fundamentalismus. Das hat Gründe: So kann der Islam als Feindbild aufgebaut werden und mit diesem Feindbild kann man Emotionen wecken und Wahlen gewinnen.

DAS MINARETT VON TELFS – EIN BEISPIEL

In der Tiroler Gemeinde Telfs leben etwa 15.000 Menschen. Mit Stichtag 1.1.2008 lebten ganze 871 TürkInnen in Telfs. Die zweitgrößte Ausländergruppe sind Deutsche (561); in letzter Zeit gibt es einen deutlichen Zuwachs bei diesen. Da Telfs seit mehreren Generationen Migration

kennt, leben etwa 2400 „türkisch-stämmige Personen"[105] in Telfs, von ihnen sind etwa 70% österreichische StaatsbürgerInnen (die oft als Fremde wahrgenommen werden). Neben 11.000 KatholikInnen gibt es 2400 Muslime.
2005 wird in Telfs ein Minarett gebaut. Nicht so groß wie ursprünglich geplant, kaum sichtbar, wenn man nicht genau weiß, wo es steht. Eine Auflage seitens der Gemeinde war, dass kein Muezzin zum Gebet rufen dürfe. Die Idee, ähnlich wie bei Kirchtürmen eine Uhr anzubringen, wurde wieder fallengelassen. Als die Diskussionen rund um das Minarett weitere Kreise zogen, meldete sich der damals frischgebackene FPÖ Parteiobmann Strache zu Wort.
„FPÖ unterstützt besorgte Telfser Bürger" titelte eine FPÖ-Presseaussendung vom 10.11.2005.[106] Dass in Telfs Telfer und nicht Telfser leben, war der FPÖ im fernen Wien wohl noch nicht bekannt. Es sei kein Zeichen erfolgreich gelebter Integration, wenn im heiligen Land Tirol Muezzin-Rufe erschallten. Religionsfreiheit ja, aber „ein Minarett und die Rufe eines Muezzins passen nicht in das Land Andreas Hofers. Das kann man begrüßen, das kann man bedauern, aber das ist nun einmal so. ... Die Telfser Bürger können sich unserer Unterstützung sicher sein", betonte Strache.
Dass die FPÖ als erste Partei gegen das Minarett wettern würde, konnte erwartet werden. Das BZÖ hatte zu dieser Zeit noch mit Anfangsschwierigkeiten zu kämpfen und war in einer Phase der Selbstfindung. In Telfs wurden mehr als 2000 Unterschriften gegen das Minarett gesammelt.

Auch in veschiedensten Medien wurde Telfs zum Thema. Im katholischen Nachrichtendienst kath.net, einer recht fundamentalistischen katholischen Plattform[107], äußert sich ein Dr. Josef Spindelböck zum Minarett in Telfs:

> „Trotz der verfassungsmäßig garantierten Religionsfreiheit und der Bejahung der Konzilsdokumente ‚Dignitatis humanae' und ‚Nostra aetate' darf man als Katholik konkret seine Zweifel an einer derartigen Vorgangsweise anmelden, wenn eine mehrheitlich katholische Bevölkerung demonstrativ, ja fast schon provokativ ein islamisches Siegeszeichen vor die Augen gesetzt erhält! Die Proteste von Teilen der Bevölkerung sind daher verständlich und zumindest teilweise auch gerechtfertigt. Nur wenige von denen, die im Fall Telfs das Recht der Muslime auf ein Minarett anerkennen, haben übrigens auf die noch fehlende Religionsfreiheit in vielen islamischen Staaten hingewiesen."[108]

Wichtige Informationen aus der Gemeinde Telfs bietet deren Homepage. Auf dieser Homepage gab es bis Herbst 2008 auch ein Gästebuch und in diesem Gästebuch fand um das Jahr 2005 ein reger Meinungsaustausch statt. Neben jenen Stimmen, die teils großes Verständnis für das Minarett ausdrückten, gab es erwartungsgemäß jede Menge Kritik und Vorurteile.
Dabei kommen verschiedene Argumentationsmuster zum Tragen. Zum einen gab es die plump fremdenfeindlichen Töne:

- „Ich bin kein Telfser, auch kein Tiroler, sondern Niederösterreicher. Zum Thema: Ein Minarett ist ein Turm, von dem der Muezzin weithin zum Gebet ruft. Ergo: Wenn ich keine Beschallung zulasse, brauche ich auch keinen Turm zuzulassen. Ihr habt Euch gegen die Franzosen gewehrt, wir gegen die Türken. Ist Euch die Schlauheit abhanden gekommen, daß Ihr nicht die Folgen bedenkt oder freut Ihr Euch schon auf eine Beschneidung? Tiroler Adler, warum bist Du so rot?"
- „Immer mehr Tschuschn kommen nach Telfs und nehmen uns die Arbeiten. Ich hoffe sie denken nach was sie unseren Ort antun. Ich sehe keine Zukunft für Einheimische wenn das mit den Ausländern so weiter geht. Guten Tag noch."
- „Eines aber ist 100%-ig sicher: Hätten ‚wir' die Türken nicht damals (1683) hinausgeworfen, wäre Europa weit nicht da wo es heute steht und somit könnte auch nicht ein Bgm. entscheiden, ob ein Minarett in einem kath. Ort errichtet werden darf od. nicht, sondern dann säßen wir alle noch in Jurten herum und könnten höchstens entscheiden wen unsere noch minderjährigen Kinder mit vielleicht 14 Jahren einmal heiraten dürfen."

Die zweite Argumentationsschiene ist die der Reziprozität: Wenn uns (Christen) das in ihren Ländern verwehrt ist, dann soll das für sie hier auch unmöglich sein:

- „Möge mal ein aus Anatolien vertriebener armenischer oder griechischer Christ nur aus nostalgischen

Gründen eine von den abgerissenen Kirchen zu sanieren versuchen!!!“

- „Ich bin entsetzt über das Minarett ich find’ es eine Frechheit das so was bei uns gebaut worden ist. Bei ihnen in Türkei werden wir erschossen wenn man so was bauen würde.“
- „Wer nämlich, wie die meisten der Türken bei uns, unsere Toleranz nur ausnützt um selbst auf höchstem Grade intolerant zu sein, demjenigen unterstützt man mit solchen pseudotoleranten Handlungen nur noch mehr, oder haben die Zuständigen Personen etwa schon Angst vor den Moslems?“

Bei dieser Argumentation wird überdies ignoriert, dass jene Moslems, für die in Österreich Moscheen und (selten) Minarette gebaut werden, zum großen Teil österreichische StaatsbürgerInnen sind. Hier werden plötzlich eigenartige Standards festgelegt. Plötzlich werden rechtliche und gesellschaftspolitische Positionen islamischer Länder Argumentationsgrundlage für unser Verhalten.
Schließlich gibt es – drittens – das Argument, man möge doch nicht provozieren:

- „Dringender Appell an Herrn Bürgermeister Dr. Stephan Opperer und die Bevölkerung in Telfs: Bitte lassen Sie das bisherige friedliche Klima in Telfs nicht vergiften!!!!!“
- „Irgendwie passen diese Dinger nicht in unsere Kultur. Deshalb sollte man die Höhen etwas drosseln und überhaupt auch die eigene Kultur mehr betonen.“

Das Minarett in Telfs steht aber – und sorgt kaum mehr für Erregung. An anderen Orten ist die Empörung nach wie vor groß. In Kärnten und Vorarlberg wurden Bauordnungen geändert, um die Errichtung von Minaretten untersagen zu können.

BAUVERBOTE FÜR MINARETTE UND MOSCHEEN

Anfang 2008 wurde in Kärnten mit den Stimmen von BZÖ und ÖVP das in vielen Medien so bezeichnete Minarett- bzw. Moscheen-Verbotsgesetz beschlossen. Es geht dabei um das Ortsbildpflegegesetz und die Kärntner Bauordnung. Der für Raumplanung zuständige BZÖ-Landesrat Uwe Scheuch ließ den Entwurf erarbeiten. Schon im Herbst 2007 hatten BZÖ, ÖVP und FPÖ die Landesregierung aufgefordert, einen Gesetzesvorschlag zum Verbot der Errichtung von Moscheen und Minaretten vorzulegen. Von der Verfassungsabteilung des Landes kamen keine Einwände gegen den nunmehrigen Entwurf. Das sei selbstverständlich keine Verletzung der Religionsfreiheit, betonte Scheuch, und Landeshauptmann Haider sah in Kärnten wachsenden Unmut gegen ein Vordringen eines fundamentalistischen Islam. Kärnten sei das erste Land in Europa, „welches den Schritt einer Verhinderung von Moscheen und Minaretten gehe."[109] Eine Ortsbildpflege-Sonderkommission sollte jeweils verbindlich festlegen, „ob sich außergewöhnliche Bauvorhaben ‚in das gewachsene Ortsbild einfügen'".

Kritik kam von der Österreichischen Architektenkammer („Signal der Kleinmütigkeit") ebenso wie von manchen Verfassungsjuristen oder dem Fachbeirat für Baukultur des Landes Kärnten. Unbeeindruckt davon zeigte sich Landeshauptmann Haider. Das BZÖ, so Haider, „werde weiterhin ‚gegen die schleichende Islamisierung auftreten'."[110] Auch im Wahlprogramm des BZÖ zur Nationalratswahl wurde 2008 ein Bauverbot von Moscheen und Minaretten gefordert (Absatz 4.3.). Maßnahmen gegen die schleichende Islamisierung seien dringend notwendig, unsere Leitkultur müsse geschützt werden. Deshalb solle sich ganz Österreich ein Beispiel an Kärnten nehmen und ein Bauverbot für Moscheen und Minarette einführen.

Kurz nach Kärnten zog Vorarlberg nach. „Die Freiheitlichen in Kärnten – BZÖ" und ihr Landeshauptmann Haider sahen dies mit Wohlwollen: „Offensichtlich ist jetzt auch die FPÖ zur Vernunft gekommen, die massiv gegen das Kärntner Modell gewettert hat, und hat nun begriffen, dass wir Vorreiter im Kampf gegen die schleichende Islamisierung sind."[111] ÖVP und FPÖ hatten die dortige Bauordnung entsprechend geändert. Diskussionen darüber gab es in Vorarlberg schon vorher, in Bludenz gab es relativ konkrete Pläne zur Errichtung eines Minaretts, ebenso in Nenzing – nach Protesten von Anrainern und anderen Widerständen verzichtete ATIB (Union der Türkisch-Islamischen Kulturvereine) aber auf den Bau eines Minaretts.

Neben der politischen Ebene ist bei den Diskussionen um Minarette, Moscheen und deren (Bau-)Verbote auch die katholische Kirche zu berücksichtigen. In ihr gibt es sehr unterschiedliche Haltungen. Der Innsbrucker Bischof

Manfred Scheuer hat mit dem Minarett in Telfs ebenso keinerlei Probleme wie der Dekan der Theologischen Fakultät der Universität Innsbruck, Jozef Niewiadomski. Im Gegenteil – beide treten deutlich gegen antiislamische Vorurteile und Diskriminierungen ein.
Anders der Vorarlberger Bischof Elmar Fischer. Er war im Zuge der Diskussionen um den designierten Weihbischof Gerhard Wagner aus Windischgarsten mit der Meldung aufgefallen, dass Homosexualität heilbar sei (müsse also eine Krankheit sein – sonst bräuchte diese nicht geheilt zu werden). Wenige Tage später meinte der ausgebildete Psychotherapeut Fischer, diese Aussage habe wohl nicht dem aktuellen Stand der Wissenschaft entsprochen. Schon 1996 hatte Fischer – damals Generalvikar der Diözese Feldkirch – mit ähnlichem Unsinn für Aufsehen gesorgt. In einem Schreiben an die Pfarrämter in seiner Diözese hatte er betont, dass Homosexuelle siebenmal öfter pädophil seien wie Heterosexuelle. Auch damals das gleiche Bild: Nach wenigen Tagen entschuldigte sich Fischer für den Fall, dass er Betroffene und deren Angehörige verletzt haben sollte.[112]
Und nun die Moslems: In der Diskussion um Moscheen bzw. Minarette seien die Moslems arrogant gewesen, er forderte von ihnen Integration, und überhaupt würden Minarette „den sozialen Frieden gefährden".[113] Für ihn seien Moscheen mit Minaretten eine Provokation; sie entsprächen nicht der Denkweise des überwiegenden Teils der Vorarlberger Bevölkerung und es sei auch nicht sinnvoll, über Gesetze Druck auszuüben, um so Moscheen bzw. Minarette bauen zu können. Dem entgegnete Kardinal

Schönborn, dass er die Dinge gänzlich anders sehe: Er sei eindeutig gegen Bauverbote und sehe hier keinerlei Problem. „Wo ist das Problem? Ich sehe es nicht", hatte Schönborn in der ORF Pressestunde am 16.3.2008 gemeint.
Dazu Fischer: „Er (Schönborn, R.G) arbeitet mit dem Islam auf höherem Niveau, ich sitze in der Provinz."[114] Anders als sein Bischof sieht dies der Bregenzer Pfarrer Rudi Siegel (und mit ihm manch andere in der Diözese): Fischer werde wohl von katholischen Fundamentalisten gedrängt: „Die werden ihn ständig anrufen, vielleicht liest er auch zu viele fundamentalistische Schriften."[115]

Fischers Vorgänger in der Diözese Feldkirch war Klaus Küng, lange Jahre Leiter von Opus Dei Österreich. 2004 wechselte Küng nach St. Pölten, um den dortigen Problemfall Kurt Krenn abzulösen. „Derzeit wenig förderlich" sei der Bau von Minaretten, so Küng. In manchen islamisch dominierten Ländern dürften weder Kirchen gebaut noch christliche Gottesdienste abgehalten werden. „Und da frage ich mich schon, ob Moslems auf den Bau einer Moschee bei uns nicht freiwillig verzichten sollten, solange diese Situation anhält."[116]
Dieser Ansatz ist immer wieder zu hören: Mit Verweisen auf Menschenrechtsverletzungen in anderen Ländern soll auf die Einhaltung von Menschenrechten in Österreich verzichtet werden. Bis eben die Situation anders wird und dann werde man weitersehen.
Das erinnert an bekannte Argumentationen. Es sei nicht der richtige Zeitpunkt, über die österreichische Mitwirkung an NS-Verbrechen zu reden, wurde immer wieder behauptet. Wenn dies nichts half, meinten manche, es

müsse endlich einmal Schluss sein. Oder: Die Juden seien am Antisemitismus selbst schuld; man solle doch so manche antisemitische Ausfälligkeit nicht überbewerten, sonst würde der Antisemitismus noch deutlicher.

DIE FOLGEN VON 9/11

Eine Zäsur beim Feindbild Islam war sicherlich der 11. September 2001. Nach den Attentaten auf das World Trade Center und das Pentagon konnte eine deutliche Zunahme islamkritischer bis islamfeindlicher Agitation festgestellt werden. 1996 entstand in Köln die Bürgerbewegung pro Köln e.V., die im Jahr 2001 Unheil auf Köln zukommen sah: „Nach den Ereignissen vom 11. September 2001 müssen wir gerade auch in Köln wachsam sein. In Hamburg bereitete der Terrorist Mohammed Atta in einer Moschee den verbrecherischen Anschlag in New York vor. Die islamischen Verbände in Köln haben sich von den islamischen Extremisten bislang nicht glaubwürdig distanziert. Es ist daher sehr gut möglich, daß die neuen Groß-Moscheen auch eine gefährliche Zufluchtstätte für islamische Extremisten werden. So etwas müssen wir uns in unserer Stadt nicht antun!“[117]

Punkt zwei des Parteiprogramms von pro Köln lautet „Nein zu Großmoschee und Islamisierung“ und Punkt neun „Kölner Geld für Kölner Aufgaben“. pro Köln befürchtet durch den Bau der Moschee die Entstehung einer türkisch-islamischen Parallelgesellschaft, viele der Vertreter von DITIB (Dachverband Türkisch islamische Union der Anstalt für Religion e.V.) würden nicht deutsch sprechen, nicht Integration sei die Folge, sondern die „Entfremdung vieler Türken von ihrem Gastland".[118] Gesicht und Charakter „unserer Heimatstadt" würden verändert, Massenaufmärsche, Beantragung des Muezzin-Rufs, orientalische Lautsprecherdurchsagen seien die Folge und nicht zuletzt sieht pro Köln immense Parkplatzprobleme auf die Stadt zukommen.

Bei Punkt neun geht es in erster Linie gegen AsylwerberInnen – mit den bekannten Vorwürfen (Asylmissbrauch, Missbrauch von Sozialleistungen oder Illegalität) und generell gegen Randgruppen: „Die Stadt Köln darf sich von Personen, die den Staat skrupellos ausnutzen, nicht länger auf der Nase herumtanzen lassen, gleichgültig, ob es sich um Deutsche oder um Ausländer handelt! Der Mißbrauch unserer Sozialleistungen und des Asylrechts muß ein Ende haben!"[119]

Zu einem „internationalen Treffen europäischer Patrioten"[120] kam es im April 2007 in Wien. Strache hatte eingeladen und neben Vertretern von pro Köln waren Repräsentanten des Front National ebenso gekommen wie solche des Vlaams Belang oder der Bürgerbewegung pro NRW. Für die pro-Köln-Berichterstattung war dies das Who's who der erfolgreichen europäischen Rechtsparteien. Bejammert wurde eine angebliche Überfremdung und Kriminalität von Wien über Köln bis Antwerpen und Marseille.

Im Juni 2007 kam Strache dann nach Köln, um gemeinsam mit den mitgereisten FPÖ-FunktionärInnen und pro Köln an einem Schweigemarsch teilzunehmen. Neben Strache waren aus Österreich angereist: Johann Herzog, Dagmar

Berlakowitsch-Jenewein, Harald Stefan, Hans Jörg Jenewein und Harald Vilimsky.[121]

Als im September 2008 in Köln ein Anti-Islamisierungskongress abgehalten wurde, erlebten die österreichischen TeilnehmerInnen Harald Vilimsky, Dagmar Berlakowitsch-Jenewein, Johann Herzog und Johann Gudenus eine ungewollt lange Schifffahrt: „‚Wir sitzen seit Stunden auf einem Schiff namens Moby Dick am Rhein fest', schildert der FPÖ-Generalsekretär am Freitagnachmittag dem *Standard* per Handy seine Lage."[122]

Demonstranten hätten gegen das Schiff mobil gemacht, der Kapitän habe deswegen abgelegt und sei auf den Rhein gefahren. Vilimsky sieht Deutschland laut *Standard* auf dem Weg zur Bananenrepublik, die Polizei wiederum entgegnet, dass pro Köln keine Angaben gemacht habe, wohin sie wollten. Man habe mit der Polizei Katz und Maus gespielt.

Strache war zu diesem Termin 2008 nicht nach Köln gekommen. Eine Strache-Video-Grußbotschaft gab es jedoch sehr wohl. Darin betonte er die Notwendigkeit der Rettung des europäischen, christlichen Abendlandes: „Wer zu uns kommt, hat sich an unsere Leitkultur anzupassen."[123]

Das Abendland in Gefahr sah die FPÖ auch schon davor. Im Januar 2008 kursierte der Einwurf eines neuen Parteiprogramms mit – unter anderem – folgender Passage: „Unsere Enkelkinder werden in einem Land leben, in dem [...] das Minarett das Ortsbild prägt. Ein islamisches Österreich unter dem Halbmond und ohne Neutralität. Ein Österreich ohne den echten Wiener, den typischen Kärntner, Steirer, Burgenländer oder Tiroler."[124]

Die Wahlplakate zur Wahl des EU-Parlaments 2009 wurden bereits zitiert („Abendland in Christenhand" etc.); bei einer Demonstration gegen ein islamisches Kulturzentrum in Wien setzte Strache nochmals nach und fuchtelte während seiner Rede mit einem Holzkreuz herum. Hans Rauscher stellte dazu im *Standard* die Frage: „Wie steht es um das Christentum, wenn ein Heinz-Christian Strache bei einer Hassveranstaltung – Anti-Islam-Demo am Freitag – mit einem großen Holzkreuz in der Gegend herumfuchtelt? Wenn alte steirische Deutschnationale wie Andreas Mölzer plötzlich von ‚europäischem Erbe des Christentums' faseln?"[125]

Wie man gleichzeitig Islamophobie mit Antisemitismus verbinden kann, zeigen FPÖ-Inserate vor der EU-Wahl 2009 (u.a. in der *Kronen Zeitung)*: „FPÖ-Veto gegen EU-Beitritt von Türkei und Israel", war da zu lesen.

Mitunter nimmt die Angst vor der Islamisierung des Abendlandes auch bizarre Züge an: In einer ORF-Zweierdiskussion am 7.9.2006 mit dem damaligen Bundeskanzler Alfred Gusenbauer zitierte Peter Westenthaler aus einem angeblichen Schreiben des Österreichischen Alpenvereins an den Integrationsbeauftragten der Islamischen Glaubensgemeinschaft, Omar Al-Rawi. Darin ging es um Gipfelkreuze, angebliche Herrschaftszeichen des Christentums, der ÖAV habe in diesem Schreiben folgenden Vorschlag gemacht: Gründung einer islamischen Sektion innerhalb des ÖAV und Anbringung eines Halbmondes an einem Berggipfel der gemeinsamen Wahl. Unterzeichner des Schreibens war angeblich ÖAV-Vizepräsent Andreas Ermacora. Die Diktion des Schreibens war jedoch derart,

dass wohl nur mit unglaublicher Naivität die Echtheit desselben angenommen werden kann.
Kurz danach folgt die Auflösung des Rätsels. Eine Gruppe von AktionistInnen hatte dieses Schreiben an mehrere PolitikerInnen geschickt. Wenig später hielten ProponentInnen der Gruppe in einem Kommuniqué fest, dass jeder sehfähige Mensch das Schreiben als Fälschung erkennen könne; weder Datum noch Briefkopf würden stimmen: „Jeder verantwortungsvolle Mensch hätte die Richtigkeit des Schreibens überprüft, bevor er damit ins TV geht."
Warum die Aktion gestartet wurde, erklären die KünstlerInnen ebenso: „Das in der ORF-TV-Konfrontation von Herrn Westenthaler präsentierte angebliche Schreiben des Alpenvereins an Omar Al-Rawi ist ein Fake der Künstlergruppe ‚Haben wir denn keine anderen Sorgen'. Im Rahmen der ‚Aktion zur Auslotung populistischer Gemein- und Blödheiten – How low can you go?' – wurde von uns im Laufe des Sommers eine Reihe populistischer Politiker und Promis mit gefakten anonymen Schreiben beglückt (u.a. H.C. Strache). Wir wollten sehen, wie weit populistische Politiker gehen. ... Herr Westenthaler hat gehalten, was wir uns von ihm versprochen haben. Er hat damit beste Chancen, am 1. Oktober die Auszeichnung ‚Kellerassel des Wahlkampfs' – sie wurde eigens für den Nationalratswahlkampf von der Künstlergruppe ins Leben gerufen – zu erhalten."[126]
Es folgte ein Rechtsstreit: Westenthaler hatte an seiner Behauptung festgehalten, das Faksimile des Briefes war nach wie vor auf der BZÖ-Homepage zu sehen. Daraufhin hatte Andreas Ermacora Westenthaler geklagt. Im Novem-

ber 2008 war dann nach einer rechtskräftigen Entscheidung auf der BZÖ-Homepage ein Widerruf zu lesen.[127]

Anderer Ort, andere Zeit: Fasching ist lustig und Scherze sind es ebenso. Wenngleich das nicht immer alle auch so empfinden. Neudörfl ist ein kleiner Ort im Burgenland, dort fand 1874 – 15 Jahre vor Hainfeld – der erste „geheime“ Parteitag der Sozialdemokraten statt. Das hat aber nichts mit 2009 zu tun und nichts mit Fasching.

Unter den ProtagonistInnen der Faschingsgilde zwei Damen, die sich über Schweineschlachten unterhalten. Die eine meint, dass sie da gerne zusehe, was die andere nicht versteht. Sie sehe da so gerne zu, weil sie den Schweinen Namen gebe. Welche Namen denn? „Na, Achmed, Mustafa, Mohammed ...“

Köstlich amüsiert hätten sich die Leute, alle im Saal hätten Beifall geklatscht. Diese Witze vorzutragen würde selbstverständlich nicht heißen, dass man ausländerfeindlich sei, so eine der Beteiligten.

Selbstverständlich nicht. Auch Landeshauptmann Dörfler hat eine eigene Ansicht von lustig (siehe Seite 68f.), manch andere auch. Das Problematische dabei ist, dass offensichtlich kaum jemand aufschreit ob solcher Dämlichkeiten.

FEINDBILD ASYLWERBERINNEN

„Asylbetrug heißt Heimatflug" plakatierte die FPÖ im Nationalrats-Wahlkampf 2008.

Mit dem Thema Asyl(missbrauch) kann Wahlkampf gemacht werden, man kann mit solchen Parolen und Positionen mehr Stimmen gewinnen als verlieren. Dabei war Österreich immer wieder ein Land, das Flüchtlinge aufnahm – ob aus (damals) kommunistischen Ländern, ob aus Chile (Pinochet) oder Uganda (Idi Amin) in den 1970er Jahren.

Das hat sich in den 1990er Jahren grundlegend geändert. Flüchtlinge würden dem Fremdenverkehr schaden, da man ihnen die Abstammung ansehen könne, meinte der damalige Landeshauptmann von Oberösterreich, Josef Ratzenböck, Anfang der 1990er Jahre.[128]

Für diesen Meinungsumschwung ist zum einen das Ende der kommunistischen Systeme in Europa verantwortlich, zum anderen konnte auch eine teilweise erhebliche mediale und politische Hetzjagd gegen AsylwerberInnen festgestellt werden. Obwohl Österreich Menschenrechtskonventionen ratifiziert hat und das Recht auf Asyl ein Menschenrecht ist, gibt es immer wieder massive Vorurteile gegen AsylwerberInnen. AsylwerberInnen werden zunächst negativ gesehen, werden als Bedrohung wahrgenommen und nicht als schutzsuchende Personen. Massenmedien spielen dabei eine teilweise beängstigende Rolle. Immer wieder wird betont, dass die Sicherheit der (einheimischen) Bevölkerung auf dem Spiel stünde, dass AsylwerberInnen das soziale Netz ausnützten und dass wohl keine

Asylgründe vorlägen. Wenn es zu vermuteten kriminellen Handlungen kam, wird in Medien gerne vorverurteilt – vor allem aber wird der Umstand betont, dass es sich bei den mutmaßlichen TäterInnen um AsylwerberInnen handle.
In einem neu diskutierten Bleiberecht ist zunächst die Rede von Patenschaften – Privatpersonen sollten die staatliche Aufgabe der Verantwortung für AsylwerberInnen übernehmen. Dazu kam es dann doch nicht. Dennoch fanden – durchaus erwartungsgemäß – speziell FPÖ und BZÖ Ungeheuerlichkeiten im Gesetzesentwurf. Nicht, dass das Gesetz zu rigid wäre, wurde kritisiert, es würde vielmehr eine weitere Form von Zuwanderung fördern, es bringe eine weitere Liberalisierung eines ohnehin zu liberalen Asylgesetzes (Harald Vilimsky, FPÖ); Herbert Scheibner (BZÖ) befürchtete wörtlich „Aufenthalts-Ertrutzung". Mit Hilfe der „Asylindustrie" (wieder eine interessante Wortkreation) könne man das Gesetz lange genug umgehen, um schließlich ein Bleiberecht zu erhalten.[129]

Das BZÖ macht sich auch Gedanken zu Asyl und AsylwerberInnen. Sprach die FPÖ von „Asylbetrug heißt Heimatflug", klingt es beim BZÖ ähnlich: „Abflug statt Asylbetrug" prangt auf der BZÖ-Homepage und „10.000 kriminelle Asylwerber sind 10.000 Ausländer zuviel in Österreich."[130] Auch im BZÖ-Wahlprogramm zur Nationalratswahl 2008 waren AusländerInnen, Sicherheit oder Kriminalität Themen. Abschnitt 4 lautet „Österreich den Österreichern."[131] Wer als Gast zu uns komme, habe sich wie ein Gast zu benehmen, wer das nicht könne, habe sein Gastrecht verwirkt. Etwa 30% aller AsylwerberInnen seien kriminell – so das BZÖ – und diese seien unverzüglich abzuschieben. Österreich ist und bleibt kein Einwanderungsland, heißt es unter Punkt 4.2. Wer zu uns kommt, hat die Sprache zu lernen und sich unserer Kultur anzupassen; arbeitslose Ausländer sollen nach einem Jahr die Aufenthaltsgenehmigung verlieren und abgeschoben werden.

Es ist offensichtlich schwierig, andere, Fremde als Bereicherung zu sehen. Wie damals Wolfgang Bachmayer. Der Meinungsforscher und spätere LiF-Kandidat war 1992 bei den Weissensee-Gesprächen. Bei dieser FPÖ-Veranstaltung war auch ein gewisser Erlung Kohl, Biologe und Lehrer an der Berufsschule Längenfeld in Meidling. Kohl hatte unter anderem Folgendes von sich gegeben: „Ein fremdes Tier wird, weil es nicht zum Stamm gehört und anders riecht, sofort vertrieben oder, wenn das nicht möglich ist, von den anderen Tieren getötet. Wenn wir nun zu viele Fremde in unser Land, in unser Revier reinlassen, so ist es programmiert, daß es irgendwann zu ähnlichen Szenen kommen wird.“[132]

Und Bachmayer hatte diesem Unsinn nicht nur zugestimmt, sondern in seiner Rede Folgendes von sich gegeben: „Aber ich glaube, man muß viele Stellungnahmen zum Thema Ausländerfeindlichkeit etwas relativieren. Ich habe einmal ein anderes wissenschaftliches Werk ganz kurz überflogen, worin steht, daß ein kleines Baby, über das sich ein fremdartiges, sagen wir dunkelhäutiges, Gesicht beugt, automatisch zu schreien beginnt, auch wenn es keine entsprechende soziale Erfahrung noch hatte.“[133] Als dies 1996 bekannt wurde, war es gleichzeitig das Ende von Bachmayers politischer Karriere.

Weil etwas angeblich in der Natur, in der Tierwelt vorkommt, kann man mühelos Rückschlüsse auf die Menschen ziehen. Als ob in der Geschichte der Evolution nichts weitergegangen wäre.

AsylwerberInnen eignen sich nun besonders gut für solche Diskriminierungen und als Sündenböcke. Sie haben einen sehr prekären Rechtsstatus, medial werden sie eher als Bedrohung dargestellt und nicht als (mögliche) Bereicherung; Arbeitsmöglichkeiten und damit die Chance, geregelt Geld zu verdienen und sich selbst zu erhalten, gibt es praktisch nicht – und sie sind sichtbar in der Öffentlichkeit.

FESTUNG EUROPA

Anfang der 1990er Jahre wurde im Rahmen der Aktion „One World Week" ein BBC-Spielfilm gedreht: Der Marsch. Es geht in diesem fiktiven Film um AfrikanerInnen, die zu verhungern drohen. Die Annahme im Film: seit mehreren Jahren hatte es nicht mehr geregnet; Hilfslieferungen waren in den Händen korrupter Regimes versickert. Die Menschen brechen deshalb aus ihrem sudanesischen Flüchtlingslager auf und machen sich auf den Weg nach Europa. Dabei schließen sich immer mehr Menschen der zunächst kleinen Gruppe an. Ihr Anführer, El Mahdi, erklärt auf die Frage, warum sie nach Europa wollen: „Wir sind arm, weil ihr reich seid. Jetzt kommen wir zu euch; damit ihr uns sterben seht." Internationale Medienbeobachter werden darauf aufmerksam, die EU tritt in Verhandlungen ein. Von Nordwestafrika aus versuchen die

Flüchtlinge mit Schiffen, in die EU zu gelangen – und werden dort von bewaffneten Truppen erwartet.
Der Vorschlag El Mahdis an europäische VerhandlerInnen: „Ihr habt in Europa so kleine Katzen. Es heißt, eine Katze kostet mehr als zweihundert Dollar pro Jahr. Lasst uns nach Europa kommen als eure Haustiere. Wir könnten Milch trinken, wir könnten eure Hand lecken. Wir könnten schnurren. Und wir sind viel billiger zu füttern."
„Was der britische Autor William Nicholson 1990 im Drehbuch zu ‚Der Marsch' als düstere, biblisch unterlegte ‚Was wäre wenn'-Vision beschwor, hat heute, nur fünfzehn Jahre später, beklemmende Aktualität gewonnen", schrieb die FAZ am 12.10.2005.
Wie wahr: Auf dem Weg in die Festung Europa sterben täglich Menschen – vor Lampedusa, in LKWs oder sonstwo.
Wir gehen nach wie vor von der Vorstellung aus, in einer globalisierten Welt mit entsprechend rigorosen Maßnahmen die Grenzen dicht machen zu können. Im Juni 1985 wurde im luxemburgischen Ort Schengen der Schengenvertrag beschlossen. Mittlerweile sind viele EU-Staaten (und manche Nicht-EU-Länder) Mitglieder in der Gruppe der Schengenländer. Diese Abmachung beinhaltet viele Vorteile (z.B. Öffnung der EU-Binnengrenzen oder Kooperation bei der Polizeizusammenarbeit zur Bekämpfung grenzüberschreitender Kriminalität).
Geregelt wurde auch eine rigorosere Sicherung der Grenzen zu Drittstaaten und ein gemeinsames Vorgehen bei der Asyl- und Einwanderungspolitik. Und eine Folge dessen ist das Entstehen der Festung Europa. „Festung Euro-

pa“ ist ein Begriff, der Ende der 1980er Jahre entstand und beschreiben soll, dass Europa – konkret das Gebiet der EU – einer uneinnehmbaren Festung gleiche. Es sei zunehmend schwieriger bis unmöglich, in diese Festung zu gelangen.

Tatsache ist, dass es zunehmende Wanderungsbewegungen gibt und dass die globale Mobilität deutlich größer geworden ist. Tatsache ist auch, dass – unter anderem aus eben genannten Gründen – zunehmend mehr Menschen in jene Gebiete der Erde ziehen (möchten), in denen die Überlebenschancen größer sind. Deshalb werden auch immer wieder Menschen – mit allen möglichen Mitteln –versuchen, in das Gebiet der EU zu gelangen. Eine lückenlose Grenzkontrolle ist unmöglich. Diese würde ein unvorstellbares Ausmaß an Überwachung erfordern. Das mag ansatzweise im Albanien eines Enver Hoxha funktioniert haben, ist aber kein Modell für ein Europa des 21. Jahrhunderts. Wenn die legalen Chancen auf Einreise und Aufenthalt in den EU-Ländern minimiert werden, werden parallel dazu die illegalen Möglichkeiten zunehmend genutzt. Mit allen Konsequenzen – selbst wenn es für viele den Tod bedeutet: „Wir haben keine Garnelen, sondern Leichen in den Netzen – das ist die Situation im Mittelmeer vor der libyschen Küste.“[134]

FEINDBILD EU

Der Gusenbauer-Faymann-Brief an „Onkel" Hans Dichand von der *Kronen Zeitung* ist ein Beispiel dafür, dass mit Ressentiments gegen die EU mehr Stimmen gewonnen als verloren werden können.

Die deutlichsten Anti-EU-Ressentiments kommen aber nach wie vor von der FPÖ. Im Jahr 2006 wurde das Volksbegehren „Österreich bleib frei" durchgeführt. Die FPÖ hatte drei Forderungen: Bewahrung der österreichischen Neutralität, EU-Beitritt der Türkei erst nach positiver Volksabstimmung, und auch die EU-Verfassung sollte nur nach einer vorherigen Volksabstimmung ratifiziert werden. So stand es im Text des Volksbegehrens, das in der Zeit von 6.3.–13.3.2006 von knapp 260.000 Menschen unterschrieben wurde. Neben dem Volksbegehren-Text gab es auch eine Erläuterung, die wiederum ein doch etwas anderes Licht auf die FPÖ-Initiative wirft. Darin heißt es – nachzulesen auf der Homepage des Innenministeriums:

„Das vorliegende Volksbegehren verfolgt drei Ziele:

- die Bewahrung der österreichischen Neutralität
- die Vereitelung des EU-Beitritts der Türkei
- die Abwehr der EU-Verfassung in der vorliegenden Form."[135]

Wirklich ging es der FPÖ also bei zwei Punkten um etwas anderes: Zwar wurde die Bewahrung der Neutralität Österreichs in den Erläuterungen als eines der Ziele angesprochen, bei den beiden anderen aber ging es nicht wirk-

lich um Volksabstimmungen, sondern um das negative Ergebnis derselben.
Es wurde mit einschlägigen Argumenten operiert (sämtliche nachfolgend unter Anführungszeichen gesetzten Wörter bzw. Textpassagen stammen aus „Text und Begründung" des Volksbegehrens[136]): Das „politische Establishment" habe sich mit der „Türken-Lobby hinterrücks" geeinigt; PolitikerInnen hätten das „Machwerk" EU-Verfassung schon längst in Kraft gesetzt, „wenn nicht demokratische Regierungen ihren Völkern die Gelegenheit gegeben hätten, diesen Prozess – vorderhand – auszusetzen". Würden wirkliche Repräsentanten des Volkes im Parlament sitzen, so gäbe es zu allen Themen entsprechende Mehrheiten. Es herrsche aber Unterwürfigkeit gegenüber „Brüsseler Eurokraten", ein „feiges Schielen nach dem Ausland" und eine „Identifikation mit der megalomanen EU-Utopie" und nicht mit den Bedürfnissen Österreichs. Kurzum: Den Machthabern wird Machtmissbrauch vorgeworfen.
Dass die Türkei kein europäisches Land sei, es die Menschenrechte missachte und eine Masseneinwanderung drohe, wird ebenso betont wie deren „Kultur, die mit der abendländischen Werteordnung nicht kompatibel ist".
Die EU-Verfassung wiederum sei „ein Anschlag auf das Selbstbestimmungsrecht der europäischen Nationen und die österreichische Souveränität. Die österreichische Bevölkerung lehnt dieses Machwerk der Eurokraten und ihrer Erfüllungsgehilfen ab".
Direkte Demokratie klingt gut, so richtig demokratisch ist es aber offensichtlich erst dann, wenn die WählerInnen

die jeweils eigenen Ziele abgesegnet haben und diese somit erreicht wurden. Die politischen Kontrahenten werden mit eindeutig negativen Zuschreibungen versehen; es wird eine klare Gegenüberstellung getroffen: Auf der einen Seite wir – die wirklichen Repräsentanten des Volkes –, auf der anderen Seite Eurokraten, Erfüllungsgehilfen, das politische Establishment, die Türken-Lobby, die EU-Verfassung wird zum Machwerk. Dies alles unter dem Vorwand, man wolle ja nur mehr Demokratie.
Dass das primäre Ziel eines Volksbegehrens nicht das Erreichen von mindestens 100.000 Unterschriften ist (was die Behandlung des Themas im Nationalrat erforderlich macht), ist seit langer Zeit bekannt. Dass aber derart schamlos mit direktdemokratischen Instrumentarien umgegangen wir, kommt nicht immer vor. Eigentlich entlarvt sich die FPÖ hier selbst: Es wird mit einem direktdemokratischen Mittel mehr direkte Demokratie eingefordert, in Wirklichkeit geht es aber um etwas völlig anderes. Nicht die im Volksbegehren genannten Ziele gilt es zu erreichen, es soll keine Diskussion angeregt werden, um Für und Wider abzuwägen. Das Ziel ist die Verhinderung – im konkreten Fall des EU-Beitritts der Türkei und der Ratifizierung der EU-Verfassung.
Die FPÖ war nicht immer gegen die EU. 1989 wurde der berühmte Brief nach Brüssel auch von der FPÖ mitgetragen. 1994 aber schien es opportuner, Stimmung gegen den EU-Beitritt zu machen. 1997 gab es das Volksbegehren „Schilling Volksabstimmung“: Vor einer Währungsreform, die zur Abschaffung des Schilling führe, sei zwingend eine Volksabstimmung durchzuführen. Relativ wenige

Wahlberechtigte konnten davon überzeugt werden – nur 254.000 unterschrieben das FPÖ-Volksbegehren.

In Österreich gibt es nur eine begrenzte Liebe zur EU. Wurde der EU-Beitritt 1994 noch von zwei Drittel der WählerInnen befürwortet und gab es bei der ersten Wahl zum EU-Parlament 1996 eine ebenso hohe Wahlbeteiligung, so sank diese 1999 auf nur mehr knapp unter 50%. 2004 lag die Wahlbeteiligung bei lediglich 42% – in Tirol gar bei mageren 33%. Dass die Wahlbeteiligung 2004 in der Slowakei gar nur 17% und in Polen 21% betrug, zeigt, dass das Interesse für die EU mancherorts nur sehr schwach ausgeprägt ist. In Österreich ließ die Zustimmung zur EU also nach. Ein Grund dafür waren die bilateralen Maßnahmen 2000. In Österreich wurde kaum zur Kenntnis genommen, dass damals mit der FPÖ eine Partei in die Regierung kam, die nicht nur rechtspopulistisch war/ist, sondern zusätzlich – wie bereits betont wurde – ein wenig distanziertes Verhältnis zum Nationalsozialismus aufweist. Anton Pelinka spricht vom Faktor X, der die FPÖ von manchen anderen rechtspopulistischen Parteien unterscheidet. Genau dieser Punkt wurde in Österreich mehr oder weniger ignoriert.

Dramatisch war in dieser Zeit der Rückgang jener, die noch 1999 mit dem Zustand der Demokratie in der EU sehr oder ziemlich zufrieden waren. Waren dies im Herbst 1999 49% der befragten ÖsterreicherInnen, so stimmten dieser Aussage im Frühjahr 2000 nur mehr 29% zu.[137]

Wieder mehr Sympathie für die EU kam 2008 auf – unter anderem auf Grund der Finanzkrise. Im Dezember 2008 konnte im Eurobarometer 70 betont werden, dass sich die

Zustimmung zur EU generell stabilisiere, insgesamt waren 53% der befragten EU-BürgerInnen der Meinung, dass die EU-Mitgliedschaft ihres Landes positiv zu sehen sei, lediglich 15% betrachteten sie als negativ. Seit 1995 schwankte die Zustimmung zwischen 46% und 58%. Der höchste Wert wurde in den Niederlanden erzielt (80%), der niedrigste in Litauen (27%), Österreich (37%) wurde nur von England, Ungarn und eben Litauen unterboten.

Ebenso gefragt wurde im Eurobarometer, ob die EU-Mitgliedschaft Vorteile für das eigene Land mit sich bringe. Außer in Großbritannien und Zypern war überall eine Mehrheit der Meinung, dass die Mitgliedschaft Vorteile bringe, EU-weit meinten dies 56% der Befragten. Dieser Wert war seit 1995 nur zweimal übertroffen worden (Frühjahr und Herbst 2007). In Österreich stimmten dieser Aussage 47% zu – was eine doch beträchtliche Steigerung von 11% gegenüber Frühjahr 2008 darstellte. In keinem anderen Land war 2008 ein auch nur annähernd so hoher Zuwachs feststellbar. Im Vergleich mit anderen EU-Ländern lag Österreich allerdings immer noch relativ weit hinten – an 22. Stelle. In Irland (79%), Estland (78%) und der Slowakei (77%) gab es am meisten Zustimmung zu diesem Statement. Ungarn und Großbritannien verzeichneten mit 39% die niedrigsten Werte. Auch das Vertrauen in EU-Institutionen (z.B. Kommission, Europäische Zentralbank) nahm in Österreich im Jahr 2008 sehr deutlich zu. Es scheint also, dass in Krisenzeiten das Vertrauen in einen größeren Verbund deutlicher ausgeprägt ist.

Im Juni 2009 fanden Wahlen zum EU-Parlament statt. 1996, als diese Wahl in Österreich zum ersten Mal stattfand, gingen noch zwei Drittel der Wahlberechtigten zur Wahl. Die Euphorie hält sich seitdem – und auch 2009 – in Grenzen. Signale in Richtung Populismus wurden aber schon frühzeitig in diesem Wahlkampf vermutet. Die ÖVP präsentierte als Spitzenkandidaten den ehemaligen Innenminister Ernst Strasser („Ich bin dafür, dass in Brüssel das geschieht, was die Österreicher wollen"[138]), für die FPÖ ging wieder der ehemalige *Aula*-Chefredakteur (oder – wie es dort hieß – Schriftleiter) und nunmehrige *Zur Zeit*-Herausgeber Andreas Mölzer ins Rennen (der schon mal von der „EU-Diktatur" spricht). Von Mölzer stammt auch die Aussage, dass es in der EU mehr Vorschriften als in jeder Diktatur, inklusive stalinistische UdSSR und Nationalsozialismus, gäbe. Dort hätte es für einen angepassten Bürger nicht so viele Vorschriften gegeben wie in der EU. Und das BZÖ schickte Ewald Stadler ins Rennen.

Trotz der Kandidatur von – teilweise sehr undifferenzierten – EU-Kritikern stieg die Wahlbeteiligung 2009 von 42% auf knapp 46%.

Einer der deutlichen EU-Befürworter und ebenso deutlicher Kritiker des Faymann/Gusenbauer-Briefes an „Onkel" Hans Dichand war der SPÖ-EU-Parlamentarier Herbert Bösch gewesen – er findet sich plötzlich nur mehr auf Rang 7 der aktuellen Parteiliste wieder.

FEINDBILD JUDENTUM UND ISRAEL

Die Geschichte des Antisemitismus ist Jahrtausende alt, auch die Tradition des Antisemitismus in Österreich reicht viele Jahrhunderte zurück. Dazu ein Beispiel aus Tirol.

DAS ANDERL VON RINN

Mitte des 15. Jahrhunderts wird in Rinn, einem kleinen Dorf bei Innsbruck, die Leiche des dreijährigen Andreas (Anderl) Oxner, gefunden. Schnell entsteht das Gerücht, dass durchreisende Juden das Kind ermordet hätten. Juden würden das Blut unschuldiger Christen für ihre Rituale brauchen, wurde damals geraunt. Ritualmordlügen waren in den damaligen Zeiten weit verbreitet; in Mitteleuropa gab es etwa 300 – unter anderem jene des Simon von Trient, der Ursula Pöck aus Lienz und eben die des Anderl von Rinn.

Mitte des 17. Jahrhunderts griff der Haller Arzt Hippolyt Guarinoni die Geschichte auf und schrieb ein Buch über die angebliche Ermordung des Anderl von Rinn. Es entstand ein Kult um das Kind, am Judenstein bei Rinn – dort soll der Mord verübt worden sein – wurde eine Kirche gebaut und der Ort wurde zum Wallfahrtsort. Einige Zeit später wurde Anderl vom Papst selig gesprochen, Volksschauspiele wurden aufgeführt. Erst in den 1950er (!!) Jahren wurden die Aufführungen gestoppt, nachdem ein Jahr zuvor der damalige Bischof Paul Rusch den Festtag des Anderl von Rinn abgeschafft hatte (12. Juli). Ruschs Nachfolger, Reinhold Stecher, verbot dann endgültig den ganzen Kult in Judenstein und das Deckengemälde in der Kirche wurde übermalt (darauf war vorher die Mordszene zu sehen, die Juden waren mit typischen antisemitischen Merkmalen ausgestattet worden).

Die Wallfahrten aber gehen weiter, sie werden als Wanderungen bezeichnet, organisiert u.a. vom „Kaplan" Gottfried Melzer, Robert Prantner vom Engelwerk und Bischof Kurt Krenn. Gottfried Melzer wurde von Bischof Stecher vom Dienst suspendiert und zog nach Bad Hall, wurde in Oberösterreich aber nicht in den Klerus aufgenommen. 1999 wurde Melzer wegen Volksverhetzung verurteilt.

Gloria TV – Untertitel „the more catholic, the better" – bringt noch im Jahr 2009 ein Video über das Anderl von Rinn und schreibt dazu: „Er wurde von jüdischen Kaufleuten ermordet, während seine Mutter auf dem Feld arbeitete."[139] Die diversen Kommentare dazu auf der Homepage von Gloria TV strotzen vor antisemitischen Vorurteilen. Ritualmordlügen waren häufig Anlass zu Pogromen oder anderen Angriffen gegen Juden.

ANTISEMITISMUS AM ENDE DES 20. JAHRHUNDERTS

„Verhängnisvoll für die Menschheit ist die Zerstörung der Tabus durch jüdische Geister geworden. Jene Gesetze, ohne welche die Menschheit in Anarchie versinkt und in die Primitivität zurück. Ein Siegmund (sic, R.G.) Freud hat das Sexualtabu zerstört und aus der Liebe Sex gemacht, aus dem Menschen wurde ein Tier; er hat ihnen eingeredet, sie seien erst Menschen, wenn sie wieder ganz Tier würden. Marx und Engels haben Haß und Neid in Politik und Sozialem hoffähig gemacht. Religion sei Opium für die Leute und ‚der Mensch ist, was er ißt'. Anarchie und Nihilismus sind ebenso Kinder jüdischer Intellektualität wie der moderne Atheismus und Agnostizismus. Den Holocaust der Atombombe haben Leute wie Teller, Oppenheimer und Einstein erst gedacht, dann gemacht – in Hiroshima und Nagasaki. Der Aufstand gegen das vierte Gebot ist ein Produkt der jüdischen Frankfurter Schule – Adorno, Marcuse, Horkheimer. Der Jude Brecht hat den Haß in die Literatur eingeführt und das ‚Lexikon des Judentums' zählt viele Fortschritte der Menschheit auf, die eigentlich Rückschritte in die Barbarei bedeuten."

Der Jude Brecht? Egal, dass Brecht kein Jude war. Rupert Kerer, damaliger stellvertretender Chefredakteur der *Tiroler Tageszeitung*, von dem dieser Kommentar vom 16.2.1980 stammt, macht ihn zum Juden, weil dies besser in seine abstruse Argumentation passt. Kerers Schwachsinn erregte 1980 über die Grenzen hinaus Aufsehen. Die *Frankfurter Allgemeine Zeitung* meinte, ein Exemplar von Julius Streichers *Der Stürmer* in den Händen zu halten. Selbst in der *Kronen Zeitung war* von „Judenhaß im klassischen ‚Stürmer'-Stil" (9.3.1980) die Rede. Dass in der *Kronen Zeitung* auch andere Maßstäbe gelten können, zeigte unter anderem Richard Nimmerrichter, alias Staberl.
Im April 1992 wurde Gert Honsik verurteilt. Ihm war u.a. die Leugnung des Holocaust vorgeworfen worden, ein umfangreiches Gutachten sollte damals – einmal mehr –

feststellen, was seit der NS-Zeit bekannt war: die Faktizität des Holocaust.

Im April erfolgte der Urteilsspruch, im Mai erschien ein Kommentar von Staberl mit dem Titel: „Methoden eines Massenmordes". In einem halbwegs zivilisierten Staat werde, so Staberl, bei einem Mordprozess primär darüber gesprochen, ob der Angeklagte den Mord begangen habe, weniger, wie er das Verbrechen verübt habe. In der „großen Politik" sei dies anders, in Bezug auf die Ermordung der Juden durch die Nationalsozialisten „hat nur eine Annahme zu gelten: dass die Juden vergast worden sind. Zuwiderhandelnde kommen in Sachen ‚Auschwitz-Lüge' vor Gericht." Die wohlhabenden Juden hätten sich ohnehin großteils in die Emigration gerettet; obwohl in einigen KZs Vergasungseinrichtungen gefunden worden seien, hätten mittlerweile „Fachleute nachweisen können, dass das Töten so vieler Menschen mit Gas rein technisch eine Unmöglichkeit gewesen wäre". Bedauerlich, so Staberl, dass nun manche alte Nazis die Ermordungen generell leugneten. „Die Wahrheit ist wohl einfach. Nur verhältnismäßig wenige der jüdischen Opfer sind vergast worden. Die anderen sind verhungert oder erschlagen worden; durch Fleckfieber, Ruhr und Typhus umgekommen, weil man ihnen ärztliche Hilfe verweigert hat; erfroren oder an Entkräftung gestorben." Dass in den KZs der Nazis und in russischen Kriegsgefangenenlagern ähnliche Zustände herrschten, wisse er, Staberl, durch Aussagen von Überlebenden (welche bzw. wie viele Überlebende waren eigentlich in KZs *und* in russischen Kriegsgefangenenlagern?), er selbst sei im Lager Tambow inhaftiert gewesen.

Staberls Resümee: „Warum also hätten sich die Nazis bei der Ausrottung der jüdischen Häftlinge die Komplikation antun sollen, alle Juden zu vergasen – wenn es doch so leicht war, sie auf andere, einfachere Weise umzubringen? Die dritte Generation überlebender Juden mag die Märtyrer-Saga der so barbarisch vergasten Opfer Hitlers auf ähnliche Weise brauchen, wie die Christen seit 2000 Jahren das Andenken an den – wohl noch barbarischeren – Kreuzigungstod Jesu Christi pflegen. Nüchterne Tatsache ist aber wohl, dass die Nazis die große Mehrheit ihrer jüdischen Gefangenen auf andere Weise umgebracht haben. Gewiss um kein Haar weniger barbarisch!“ (*Neue Kronen Zeitung*, 10.5.1992).

Selbstverständlich, so Staberl, wurden Juden umgebracht. Selbstverständlich war das barbarisch und grausam. Aber mit Giftgas – eher doch nicht. Und dann beginnt das große Relativieren, dann kommen die altbekannten Vorurteile. Es habe nur eine Annahme zu gelten; die reichen Juden seien sowieso geflüchtet (und in der Propaganda wurden Juden mit reich gleichgesetzt); in anderen Lagern sei die Situation nicht anders gewesen; und schließlich die implizit angesprochene jüdische Unversöhnlichkeit – die dritte Generation (die ja nichts am eigenen Leib gespürt habe) brauche zur Identitätsfindung die „Märtyrer-Saga“ von der Vergasung.

Staberl und Kerer sind Vergangenheit – Antisemitismus aber ist nach wie vor abrufbar. Das war zur Zeit Waldheims so, das war früher so – erinnert sei an das Wahlplakat von Josef Klaus mit der Aufschrift „Ein echter Österreicher“, im Gegensatz zum Juden Bruno Kreisky (der wiederum in den 1970er Jahren mit den antisemitischen Ausfällen gegen Simon Wiesenthal und der Verteidigung Friedrich Peters auffiel). Anfang des Jahrtausends dann Haiders „Dreck am Stecken"-Sager gegen Ariel Muzicant.

DER VERDECKTE ANTISEMITISMUS

Antisemitismus kann einerseits in der bekannt offenen Variante artikuliert werden, es gibt aber auch den heimlicheren, nicht so offensichtlichen Antisemitismus.

„Antijüdische Gefühle" – eine euphemistische Umschreibung für antisemitische Gewalt bis hin zum Holocaust – „haben uns in unserer Geschichte bisher nie Nutzen oder Segen gebracht", meinte Bundespräsident Rudolf Kirchschläger in seiner bekannt gewordenen TV-Ansprache während des damaligen Bundespräsidentschaftswahlkampfes am 22. April 1986. Kurz vorher im Text spricht Kirchschläger von den „Spannungen", die durch äußere Einwirkungen erzeugt wurden – gemeint ist wieder der Antisemitismus – und die „zwangsläufig ihre Auswirkungen auch auf unsere jüdischen Mitbürger" hatten.

Kein Nutzen oder Segen durch Antisemitismus: Es drängt sich die Frage auf, ob Antisemitismus gerechtfertigt wäre, würde er Nutzen und Segen bringen.

1998 berichtet die *Neue Kronen Zeitung* (3.5.1998) stolz über einen Auftritt Marcel Prawys in New York: Einer, der den Amerikanern deutlich sagt, was los ist; einer der „richtige Worte am richtigen Ort" anbringt: „In meiner Heimat, in Österreich, gibt es keinen Antisemitismus. Der

Judenhass ist tot!“ Prawy bekommt in New York – so die *Neue Kronen Zeitung* – standing ovations.
Prawy fand – laut *Neue Kronen Zeitung* – „richtige Worte am richtigen Ort“: Die Vermutung liegt nahe, der „richtige Ort“ könnte die Ostküste und damit das jüdische Zentrum in den USA sein. Erinnerungen an Waldheim, World Jewish Congress und Watchlist werden wohl nicht zu Unrecht assoziiert. Immer wieder wird „Ostküste“ synonym für „Finanzjudentum in den USA“ verwendet. Als die Tageszeitung *Der Standard* gegründet wurde, vermutete die Zeitschrift *Aula*, das Organ der Freiheitlichen Akademikerverbände, dies sei ein Umerziehungsprojekt, finanziert von der US-amerikanischen Ostküste.[140]

ANTISEMITISMUS HEUTE

Insgesamt ist Antisemitismus immer noch ein Thema. Im Februar 2009 erschien ein Bericht der EU-Grundrechteagentur in Wien über Antisemitismus in den Jahren 2001 bis 2008. Darin wird unter anderem aufgezeigt, dass nach wie vor ein signifikanter Prozentsatz der Befragten hartnäckige antisemitische Vorurteile und Stereotypen vertritt. Dabei geht es nicht um harten, offenen Antisemitismus, etwa um Pogrome, Verwüstungen jüdischer Friedhöfe oder Beschmieren jüdischer Einrichtungen. Es geht um Einstellungen wie

- „Juden sind Israel gegenüber loyaler als gegenüber dem Land, deren Staatsbürger sie sind“;
- „Juden haben zu viel Macht in der Welt des Business“;

- „Juden haben zu viel Macht in internationalen Finanzmärkten";
- „Juden reden immer noch zu oft über die Verbrechen des Holocaust" oder
- „Juden sind schuld am Tode Christi".

Manchmal wird diese Form des Antisemitismus als „sekundärer" bzw. „modernisierter Antisemitismus" bezeichnet. Dieser entstand nicht trotz Auschwitz, sondern wegen Auschwitz, wegen des Holocaust. Vor vielen Jahren bereits hat der israelische Psychoanalytiker Zwi Rex gemeint, dass „die Deutschen" (man könnte auch sagen, die Antisemiten) den Juden Auschwitz niemals verzeihen werden – und damit den Kern der Sache getroffen. Durch diesen sekundären Antisemitismus werden – ebenso wie durch den Antizionismus – gesellschaftliche Tabus umgangen. Die Aussagen aber bleiben antisemitisch.

Immerhin etwa die Hälfte der Befragten war der Meinung, dass Juden Israel gegenüber loyaler seien als gegenüber den Ländern, deren Staatsbürger sie sind (in Österreich 47%; in Polen 63% und in Spanien 64%). Insgesamt war in den Jahren 2006 bis 2008 in vielen Ländern eine deutliche Zunahme antisemitischer Stereotypen feststellbar – in Spanien von 21% (2005) auf 47% (2008), in Deutschland von 21% auf 25%. Auch der Wert für Polen war gestiegen – von 27% auf 36%[141], was wenig überraschend ist angesichts der Tradition des Antisemitismus in Polen. Erinnert sei an die Ermordung von 400 Juden in Jedwabne 1941. Sie waren von ihren christlichen Nachbarn in eine Scheune getrieben worden und diese wurde in Brand gesteckt.

2001 entschuldigte sich der damalige polnische Präsident Kwaśniewski: „Ich bitte um Entschuldigung in meinem Namen und im Namen derjenigen Polen, deren Gewissen dieses Verbrechen bewegt.“[142] Erinnert sei auch an das Pogrom von Kielce von 1946 (!). Damals waren mehr als 40 Juden in Kielce ermordet worden.

Einzig Großbritannien sah im selben Zeitraum keine signifikante Zunahme der ohnehin niedrigen Werte – statt 6% 2005 waren es 2008 9%.

Wenn im Nahen Osten Krieg herrscht – und das ist nicht selten – wird Kritik an Israel häufig mit Antisemitismus (bzw. Antizionismus) verbunden. Es scheint schwierig zu sein, hier trennen zu können zwischen legitimer Kritik an der Politik eines Staates und Antisemitismus. Offensichtlich bereitet es Schwierigkeiten, JüdInnen gegenüber jene Distanz oder Nähe aufzubringen, die im Umgang mit anderen sehr wohl aufgebracht wird. Als 2008/2009 zwischen Israel und Gaza Krieg herrschte, wurden in Europa vermehrt antisemitische Anschläge gezählt. In Österreich wurde im Februar 2009 bekannt, dass ein Islam-Religionslehrer Zettel mit Namen internationaler Firmen verteilt hatte, bei denen seine SchülerInnen nicht einkaufen sollten – sie seien in jüdischem Besitz („Kauft nicht bei Juden“ war bei den Nazis schon einmal). In Innsbruck wurde – einmal mehr – die Außenmauer der Synagoge beschmiert.

Am 3.1.2009 wurde versucht, in Antwerpen (Belgien) das Haus einer jüdischen Familie anzuzünden. Führende Vertreter der jüdischen und moslemischen Gemeinschaft Belgiens betonten daraufhin in einer gemeinsamen Erklärung, dass sie zwar über die Ereignisse im Nahen Osten unterschiedlicher Meinung seien, dies aber nicht dazu führen dürfe, den Konflikt nach Belgien zu tragen. Zwei Tage später, am 5.1., wurde ein Molotow-Cocktail in die Bethel Hill Synagoge in Brüssel geworfen, wurden Fenster einer Synagoge in Charleroi eingeschlagen; am 12.1. wurden – ebenso in Belgien – ein orthodoxer Jude und eines seiner Kinder im Zug von sieben Jugendlichen belästigt und beleidigt.

In Frankreich wurde im Januar 2009

- Ein brennendes Auto gegen die Synagoge in Toulouse gelenkt;
- Eine Benzinbombe gegen die Synagoge in Saint Denis geworfen und das Restaurant daneben angezündet;
- In Villiers-le-Bel ein zehnjähriges jüdisches Mädchen von zehn Jugendlichen zusammengeschlagen;
- ein Jude in Fontenay-sous-Bois niedergestochen und eine 18-jährige Jüdin in Enghien-les-Bains verbal und physisch attackiert.

Im Februar 2009 präsentierte das deutsche Innenministerium in einer Anfragebeantwortung einen Bericht über das vierte Quartal 2008. 292 antisemitische Vorfälle wurden dokumentiert; davon elf Gewalttaten, bei denen neun Menschen verletzt wurden. In Amsterdam (Niederlande) wurde im Januar 2009 ein Haus in Brand gesteckt – auf ein Fenster war mit gelber Farbe „Jood“ (Jude) geschmiert worden. Im Februar wurde auf die Sinai Klinik der Amsterdamer jüdischen Gemeinde geschossen und die Fenster der Synagoge in Haaksbergen (Niederlande) wurden eingeschlagen. In Spanien wurde ein Angestellter der Synagoge in Barcelona mit Baseballschlägern zusammengeschlagen und auch in Großbritannien gab es zwischen 29.12.2008 und Februar 2009 mehrere Anschläge gegen Juden bzw. jüdische Einrichtungen.

„Ethnozentrische Einstellungen sind in Europa im Ansteigen begriffen", speziell ablehnende Meinungen gegenüber Juden. Auch Ressentiments gegen Moslems nahmen in den vergangenen Jahren zu, steht im Pew Report zu lesen.[143] Negative Einstellungen gegenüber Moslems hatten 52% der spanischen und 50% der deutschen Befragten; mit 23% wiederum relativ niedrige Werte gab es in Großbritannien. Generell war ein deutlicher Zusammenhang zwischen antisemitischen und antiislamischen Einstellungen bemerkbar. In jenen Ländern, in denen antisemitische Ressentiments hoch waren, waren auch Ressentiments gegen Moslems größer. Die Änderungen waren allerdings über einen längeren Zeitraum zu beobachten. Antiislamismus sank in Spanien von mehr als 60% (2006) auf 52% (2008); in Polen gab es im selben Zeitraum eine Zunahme von 30% auf 46%. Relativ stabil dagegen waren die Ressentiments gegen Christen – lediglich in Spanien (von 10% auf 24%) und Frankreich (von 9% auf 17%) gab es eine stärkere Zunahme.

WIE UMGEHEN MIT FREMDENFEINDLICHKEIT UND FEINDBILDERN?

Wenn wir davon ausgehen, dass Feindbilder viel mit Selbstbildern zu tun haben, dass die Abgrenzung im Vordergrund steht, so wäre eine Präventionsmaßnahme jene der Stärkung von Selbstbildern. Nicht mehr die Definition über das Andere, nicht mehr die Negation stünde im Mittelpunkt, sondern die Stärkung der jeweils eigenen Identität. Einer Identität, die sich aus vielen Facetten zusammensetzt und damit in gewisser Weise partielle Ausfälle kompensieren kann.

Dazu ganz wesentlich notwendig ist das Überdenken und Abbauen der eigenen Vorurteile (bzw. Feindbilder).

Ivan Ivanov ist geschäftsführender Direktor des European Roma Information Office (ERIO), einer internationalen Interessenvertretung, die gegen die Diskriminierung der Roma kämpft. In einem Interview zum 8. April – dem Internationalen Tag der Roma –, beschrieb Ivanov die seiner Meinung nach gängigsten Fehleinschätzungen Roma gegenüber:

> „Erstens die Vorstellung, dass alle Roma Kriminelle sind oder betteln gehen. Dem Steuerzahler auf der Tasche zu liegen und von Sozialleistungen zu leben ist nicht ihr oberstes Lebensziel!
> Zweitens möchten sich die Roma integrieren ... Sie haben es sich nicht ausgesucht, in isolierten Ghettos zu leben. Wenn sie die Wahl hätten, in die Gesell-

schaft integriert zu werden – mit Zugang zu Bildung und Beschäftigung, einer anständigen Gesundheitsversorgung, ordentlichen Sozialdienstleistungen und angemessenem Wohnraum in einer diskriminierungsfreien Umgebung – oder in extremer Armut an Orten ohne fließendes Wasser und Strom zu leben, die weit außerhalb der jeweiligen Gemeinden und aller Dienstleistungen liegen und wo es keine öffentlichen Verkehrsmittel gibt, versteht es sich von selbst, dass die Roma nicht die zweite Möglichkeit wählen würden.

Drittens sind die Roma kein exotischer Volksstamm. Sie sind keine Außenstehenden, sondern Europäer, die die europäische Kultur beeinflusst haben und seit über 700 Jahren hier leben. Sie können nicht nur gut musizieren, tanzen und singen. Wenn sie die Möglichkeit dazu hätten, würden Sie auch gute Politiker, Verwaltungsbeamte, Rechtsanwälte, Ärzte und Lehrer abgeben."[144]

Wir dagegen haben häufig immer noch unsere Stereotypen: tendenziell positiv vereinfachend sehen wir Roma als lustige musizierende Gesellen voller Lebensfreude; grob negativ vereinfachend werden Roma als Bettler, Kleinkriminelle, schmutzig und nicht integrierbar angesehen. Ähnliches gilt für andere Feindbilder. Wenn wir unsere Vorurteile hinterfragten, unsere Einstellungen durch die real gemachten Erfahrungen revidierten, wenn wir positive Beispiele nicht als die Ausnahme von der Regel, sondern als Korrektiv betrachteten, dann wäre schon etwas erreicht.

Wenn zusätzlich rechtspopulistische PolitikerInnen (bzw. deren politische Parteien) ein Mindestmaß an Respekt vor Menschenrechten an den Tag legten, wäre schon wieder etwas erreicht. Das aber ist vermutlich so lange realistischerweise nicht wirklich zu erwarten, solange diese Parteien mit diesen Parolen Stimmen und Wahlen gewinnen. Wenn schließlich Medien weniger auf Negativberichterstattung und Stigmatisierung von Randgruppen eingingen, wäre ein weiterer Schritt gemacht. Aber auch hier gilt, dass mit reißerischer Berichterstattung mehr LeserInnen erreicht werden können als ohne.

Bleibt also wieder die Kehrtwendung zu den Individuen, zur Gesellschaft. Es geht (auch hier) um ein Hinterfragen der Selbstverständlichkeiten, um ein In-Frage-Stellen der allgemein gültigen Normen.

Feindbilder leben vor allem, weil man sich damit von den anderen abgrenzen kann, weil man damit das eigene Selbstbild zu stärken versucht. Es ginge aber auch anders. Man könnte die anderen und das Andere grundsätzlich als Bereicherung sehen, als Möglichkeit, den eigenen Horizont zu erweitern.

Abschließend aber noch eine für viele in Österreich eher typische Reaktion:

Im Frühjahr 2009 ist in einem Amnesty-International-Bericht zu Österreich die Rede von institutionellem Rassismus. Nicht zum ersten Mal werden hier vor allem Polizei und Justiz massiv kritisiert. In den Schlussfolgerungen[145] wird konkret Folgendes betont:

„Amnesty International ist besorgt, dass die österreichischen Strafverfolgungsbehörden im Gesamten und die Polizei im Besonderen ausländische BürgerInnen und Angehörige ethnischer Minderheiten nicht zu gleichen Bedingungen behandeln wie österreichische StaatsbürgerInnen weißer Hautfarbe. Dieses Versagen spiegelt sich in Vorfällen von rassistisch motiviertem Fehlverhalten wider, kann dabei jedoch nicht auf Einzelfälle reduziert werden. Es zeigen sich strukturelle Mängel beim Umgang mit solchen Fällen und allgemeiner bei der Art, wie von AusländerInnen und Angehörigen ethnischer Minderheiten angezeigte Vorfälle behandelt werden. Amnesty International ist besorgt, dass es trotz einer Reihe positiver Entwicklungen in den letzten Jahren nach wie vor schwer wiegende Mängel auf institutioneller Ebene bei der Prioritätensetzung in Bezug auf Antidiskriminierungsmaßnahmen in der Strafjustiz gibt."

Einer Vielzahl von höheren BeamtInnen im Strafjustizvollzug sei bewusst, dass es hier Verbesserungen geben müsse, aber:

„Viele der schwierigeren Maßnahmen zur Änderung einer fest verwurzelten Kultur innerhalb der Behörde wurden nicht umgesetzt, insbesondere eine Garantie, dass rassistisch motiviertes Fehlverhalten durch ExekutivbeamtInnen effektiv untersucht, angemessen bestraft und wirksam bekämpft wird. Größere Anstrengungen müssen auch noch im Bereich der An-

> zeigen rassistisch motivierter Straftaten erfolgen, um sicherzustellen, dass diese im Normalfall angezeigt, effizient untersucht und bestraft werden."

Deshalb sei größeres Engagement seitens höherer BeamtInnen und PolitikerInnen dringend nötig:

> „Mit der Leugnung der Notwendigkeit einer strukturellen Reform und einer damit einhergehenden Verschiebung der Prioritäten in diese Richtung erweist man nicht nur den Angehörigen ethnischer Minderheiten einen Bärendienst, sondern auch den vielen PolizeibeamtInnen und anderen Strafverfolgungsbehörden, die ihre Verpflichtungen gewissenhaft erfüllen. Solange die Bekämpfung von Diskriminierung im österreichischen Strafjustizsystem nicht oberste Priorität genießt, wird es weiterhin zu zahlreichen Menschenrechtsverletzungen kommen."

Und wie sehen die Reaktionen aus? Selbstverständlich, normal und nicht weiter aufregend ist postwendend in den Medien zu lesen, dass der Vorwurf eines systematischen Rassismus vom Innenministerium „vehement zurückgewiesen" werde, es gäbe lediglich Einzelfälle. Auch der Chef der Polizeigewerkschaft weist in einer Aussendung alle Verallgemeinerungen vehement zurück ...

ANMERKUNGEN

1 *Der Standard*, 20.8.2008
2 *Der Standard*, 20.8.2008
3 *Der Standard*, 8./9.9.2007
4 *Die Presse*, 18.3.2008
5 Österreich: Opfer oder Verdächtige? Eine Frage der Hautfarbe. Ein Bericht von Amnesty International, London 2009; S. 11
6 http://muslime.wordpress.com/2008/05/08/dani-sche-promis-gegen-islamhetze-wie-in-den-1930ern/
7 Vgl. dazu Hans Rauscher bzw. Gerfried Sperl in *Der Standard*, 17.4.2009
8 *Der Standard*, 17.4.2009
9 Werner Bundschuh: Das Spiel mit dem Antisemitismus, in: Informationen der Gesellschaft für politische Aufklärung, Nr. 69, Juni 2001
10 In diesem Zusammenhang ist allerdings zu erwähnen, dass EU-ablehnende Einstellungen nicht unbedingt mit Rechtspopulismus zu tun haben müssen.
11 http://www.parlament.gv.at/PG/DE/XXI/A/A_00211/pmh.shtml
12 Abdruck der Rede in: *Der Standard*, 5.7.2002
13 *Der Falter*, 21/02; 22. 5.2002
14 ebda. Von Mahler stammt auch ein Aufsatz mit dem Titel „Endlösung der Judenfrage".
15 TV-Konfrontation zur Nationalratswahl 2008; 16.9.2008 Faymann/SPÖ vs. Strache/FPÖ
16 http://www.oevp.at/Common/Downloads/Buerger-vertagA3quer_ICv2.pdf

17 http://www.doew.at/projekte/rechts/fpoe/fpoezitate.html
18 *Kurier*, 23.9.1999
19 *Der Standard*, 18.9.2008
20 http://www.zara.or.at/index.php/archiv/2344
21 OTS0016 5 II 0560 MHK0001, 10.10.2008
22 *Der Standard*, 29.12.2008
23 *Der Standard*, 10.1.2009
24 *Der Standard*, 8.6.2005
25 apa-Transkript: Zeit im Bild 2 (ORF2 W), 8.5.2007 22:00; FPÖ-Obmann Heinz-Christian Strache im Interview
26 Freiheitlicher Pressedienst, zit. In: Reinhold Gärtner/Sieglinde Rosenberger: Kriegerdenkmäler – Vergangenheit in der Gegenwart, Innsbruck 1991, S. 129.
27 Stowasser, Auflage 1997, S. 562: „Über die Toten (soll) nur gut (geredet werden)."
28 Heribert Schiedel: Stellungnahme zum Ring Freiheitlicher Jugend; http://www.gedenkdienst.at/index.php?id=526
29 Heribert Schiedel: Stellungnahme zum Ring Freiheitlicher Jugend; http://www.gedenkdienst.at/index.php?id=526
30 ebda
31 *Der Standard*, 23.3.2009
32 http://www.peterwagner.at/html/arbeiten/stuecke_todestag_reaktionen.htm
33 *Der Standard*, 22.1.2009
34 ebda
35 Susanne Winter im *Falter*-Interview wörtlich: „Es gibt in muslimischen Ländern Tierbordelle, und wir bringen den Beweis."

36 Zit. nach *Die Presse*, 19.11.2008. Vom Vorwurf, Tierbordelle gefordert zu haben, wird Susanne Winter auf Grund divergierender Zeugenaussagen im Januar 2009 freigesprochen.

37 *Der Standard*, 22.1.2009

38 *Der Standard*, 23.1.2009

39 *Tiroler Tageszeitung*, 13.1.2009

40 Homepage des RFJ; zit. nach *Tiroler Tageszeitung*, 14.1.2009

41 http://www.grueneverdi.bz.it/index.php?id=2186

42 *Die Welt*, 5.2.2009

43 Spiegel online, 7.2.2009

44 APA; ots 0124, 6.2.2009

45 *sueddeutsche*; 15.12.2003: „Doch der Macho aus Rom trieb die Temperatur im Saal weiter nach unten. Minuten, ehe der bei einem Hubschrauber-Absturz kürzlich schwer verletzte polnische Premier Leszek Miller per Rollstuhl an seinen Platz geschoben wurde, griff Berlusconi erneut in die Klamottenkiste. Neulich sei ihm, als er per Helikopter über eine lästige Demonstration hinweg flog, eine Idee gekommen: ‚Wenn ich einen 10 000-Euro-Schein runterwerfe, ist wenigstens einer von denen glücklich.' Seine Frau habe ihm zu zwei 5000-Euro-Scheinen geraten, ‚damit machst Du zwei Menschen froh'. Schließlich habe sich der Pilot umgedreht und geraten: ‚Und wenn Sie jetzt herausfallen, sind alle glücklich.'" http://www.sueddeutsche.de/ausland/artikel/536/23513/

46 „Herr Schulz, ich weiß, dass ein Produzent in Italien gerade einen Film über die Konzentrationslager der Nazis dreht. Ich werde Sie für die Rolle des Kapo vorschlagen. Sie wären perfekt." *Hamburger Abend-*

blatt, 4.7.2003 http://www.abendblatt.de/daten/2003/07/04/183173.html

47 *Die Presse*, 19.4.2008: Umberto Bossi wörtlich: „Nach der zweiten oder dritten Warnung – bumm. Dann schießt die Kanone, ohne noch viel zu reden. Die Kanone tötet. Sonst kommen wir nie zu einem Ende." NDR Kultur, Glaubenssachen, 11.1.2009

48 *Die Presse*, 19.4.2008

49 FAZ, 1.12.2006

50 FAZ, 1.12.2006

51 Spiegel online, 13.9.2005

52 *taz*, 29.7.2004, http://www.taz.de/index. php?id=archivseite&dig=2004/07/29/a0117

53 Jens Rydgren: Vom Wohlfahrtschauvinismus zur ideologisch begründeten Fremdenfeindlichkeit. Rechtspopulismus in Schweden und Dänemark, in: Frank Decker (Hg.) (2004): Populismus – Gefahr für die Demokratie oder nützliches Korrektiv? S.165–190

54 ebda

55 *Tiroler Tageszeitung*, 12.5.2009

56 *Der Standard*, 16.5.2009

57 *Tiroler Tageszeitung*, 9.5.2009

58 *Vorarlberger Nachrichten* online, http://www.vol.at/news/vorarlberg/artikel/strache-will-verbotsgesetz-abschaffen/cn/news-20070223-05195534

59 Vgl. dazu Jonathan Steinberg (1990): All or Nothing – The Axis and the Holocaust 1941–1943, London: Routledge

60 Ob Paul VI. beim damaligen Besuch (1971) des österreichischen Bundespräsidenten Franz Jonas im Vatikan „Insel der Seligen" oder „Insel der Glücklichen" sagte, wird unterschiedlich beschrieben: Liessmann

betont in „Insel der Seligen“ (2006), dies sei eine spätere Umdeutung gewesen, andernorts findet man die Formulierung „Insel der Seligen“ sehr wohl; etwa in einer APA-Aussendung zum Besuch Bundespräsident Fischers bei Papst Benedikt XVI. am 5.10.2006, nachzulesen unter http://www.hofburg.at/show_content2.php?s2id=640

61 http://chorherr.twoday.net/stories/2345645/main

62 Gerald John: Völlig vergauggt, in: *Falter*, 14.8.2002

63 Anton Pelinka: Zum 9. November, in: Informationen der Gesellschaft für politische Aufklärung, Nr. 19, Dezember 1988.

64 Landesgericht Innsbruck, 35 VR 188/89; 35 Hv 25/89, 2.7.1990, S. 25

65 Helene Partik-Pablé, damals FPÖ, später BZÖ. Stenographisches Protokoll; 168. Sitzung des Nationalrates der Republik Österreich; XX. Gesetzgebungsperiode; Montag, 10. Mai 1999

66 *Tiroler Tageszeitung*, 18.1.2009

67 Thomas Quehl: Zwischen Lackmus-Test und Provokation. Institutioneller Rassismus – vom Nutzen eines umstrittenen Begriffs; in: DISS-Journal 8/2001, http://www.diss-duisburg.de/DJ_01_8/HTM-Format/Beitraege/Lackmus_Test.htm

68 *Die Zeit*, 7.9.2006, Nr. 37

69 *Die Zeit*, 7.9.2006, Nr. 37

70 *Die Zeit*, 7.9.2006, Nr. 37

71 Reinhold Gärtner/Fritz Kleinmann (1995): Doch der Hund will nicht krepieren – Tagebuchnotizen aus Auschwitz, Thaur; S. 71–72. Fritz Kleinmann starb 86-jährig am 20. Januar 2009.

72 Rassismus-Report 2007, S. 12

73 Rassismus-Report 2007, S. 11

74 Sämtliche nachfolgenden Beispiele – sofern nicht anders angegeben – aus Rassismus-Report 2000–2007

75 Dokumentationsarchiv des österreichischen Widerstandes (Hg.): Handbuch des österreichischen Rechtsextremismus, Wien 1993

76 fairplay.vidc.org/startseite/aktuelle-news/news/article/262/87/

77 ECRI Dritter Bericht über Österreich; Straßburg, Februar 2005; Zusammenfassung, S. 6; http://www.coe.int/t/dghl/monitoring/ecri/Country-by-country/Austria/AUT-CbC-III-2005-1-DEU.pdf

78 ECRI Dritter Bericht über Österreich; Straßburg, Februar 2005; Zusammenfassung, S. 6

79 ECRI Dritter Bericht über Österreich; Straßburg, Februar 2005; Punkt 71, S. 26

80 ECRI Dritter Bericht über Österreich; Straßburg, Februar 2005; Punkt 71, S. 26

81 Der Kärntner Ortstafelsturm vor 30 Jahren. Eine sozialpsychologische Analyse der Mikropolitik und um das Jahr 1972 in Kärnten. http://www.klahrgesellschaft.at/Mitteilungen/Gstettner_4_02.html

82 Interview in *Falter* 30/1989; zit. in: Peter Gstettner: Der Kärntner Ortstafelsturm vor 30 Jahren. Eine sozialpsychologische Analyse der Mikropolitik und um das Jahr 1972 in Kärnten. http://www.klahrgesellschaft.at/Mitteilungen/Gstettner_4_02.html

83 http://dokumentationsarchiv.at/SPOE/Braune_Flecken_SPOE.htm

84 *Der Standard*, 30.5.2006

85 Zit. in *Tiroler Tageszeitung*, 7.2.2009

86 http://www.pfannhauser.at/muttersprache/

87 Österreichisches Volksgruppenzentrum (Hg.) (1995): Internationales und europäisches Volksgruppenrecht, Österreichische Volksgruppenhandbücher Band 8, Wien. S. 71

88 Vgl. dazu: Christian Flatz/Reinhold Gärtner (1998): „Kultur statt ‚Rasse': Analyse einer Bedeutungsverschiebung, in: Christian Flatz/Sylvia Riedmann/Michael Kröll (Hg.): Rassismus im virtuellen Raum, Hamburg, S. 219–239

89 European Commission – Special Eurobarometer 296: Discrimination in the EU: Perceptions, Experiences and Attitudes; Publication July 2008

90 Spiegel online, 21.1.2006; http://www.spiegel.de/kultur/gesellschaft/0,1518,396401,00.html

91 *Der Standard*, 16.2.2009

92 http://www.sosmitmensch.at/stories/2190/

93 http://www.sosmitmensch.at/stories/2190/

94 ORF Mittagsjournal, 16.2.2009

95 FRA European Union Agency for Fundamental Rights, Annual Report 2008, Vienna, S. 115–118

96 Verbot, Menschen zwangsweise in ein Land abzuschieben, in dem sie möglicherweise unmenschlicher Behandlung (z.B. Strafe, Folter, Verfolgung) ausgesetzt sind.

97 Vgl. dazu: Peter Zuser: Die Konstruktion der Ausländerfrage in Österreich. Eine Analyse des öffentlichen Diskurses 1990; IHS Reihe Politikwissenschaft, Nr. 35, Wien 1996

98 Vgl. dazu Fritz Plasser/Peter A. Ulram (1992): Überdehnung, Erosion und rechtspopulistische Reaktion. Wandlungsfaktoren des österreichischen Parteiensystems im internationalen Vergleich, in: ÖZP, 2/1992.

99 *Salzburger Nachrichten*, 21.5.2009

100 Vgl. dazu *Der Standard*, 25.2.2009

101 Vgl. dazu *Der Standard*, 25.2.2009

102 *Tiroler Tageszeitung*, 21.5.2009

103 *Die Presse*, 9.4.2009

104 http://volksgruppen.orf.at/volksgruppen/stories/56406/ (ohne Datum) bzw. am 12.2.2007 http://www.spiegel.de/politik/ausland/0,1518,459443,00.html

105 Weißbuch 2008; Marktgemeinde Telfs – Tirol. Daten und Bemerkungen zur demografischen Entwicklung. Stand: 1.1. 2008. http://telfs.eu/uploads/allgemeines/weissbuch%202008.pdf

106 OTS0076 5 II 0127 NFP0001; 10.11.2005

107 Im Februar 2009 legt z.B. Bischof Laun mit einer wohl nur für die wenigsten nachvollziehbaren Logik dar, dass die Aussage von Gerhard Wagner, Homosexualität sei heilbar, durchaus so richtig sei.

108 http://www.kath.net/detail.php?id=12017

109 *Der Standard*, 11.2.2008

110 *Der Standard*, 18.2.2008

111 OTS0285 5 II 0126 BZK0004; 2.4.2008

112 http://vorarlberg.orf.at/stories/341914/

113 *Die Presse*, 18.2.2008

114 *Vorarlberger Nachrichten*; vol.at 29.5.2008

115 *Der Standard*, 21.3.2008

116 *Der Standard*, 21.3.2008

117 http://www.pro-koeln-online.de/stamm/moscheebau.htm

118 http://www.pro-koeln-online.de/stamm/programm.htm

119 http://www.pro-koeln-online.de/stamm/programm.htm

120 http://www.pro-koeln-online.de/artikel4/wien.htm
121 http://www.slp.at/artikel.1.html?&cHash=54e5a4f5a4&tx_ttnews[tt_news]=1915
122 *Der Standard*, 19.9.2008
123 *Der Standard*, 19.9.2008
124 *Die Presse*, 16.1.2008
125 *Der Standard*, 16.5.2009
126 *Datum*, 08/06
127 *Die Presse*, 21.2.2008 bzw. Telefonat mit Dr. Ermacora
128 *Der Standard*, 10.3.1990, zit. in Peter Zuser: Die Konstruktion der Ausländerfrage in Österreich. Eine Analyse des öffentlichen Diskurses 1990; IHS Reihe Politikwissenschaft, Nr. 35, Wien 1996, S. 26
129 *Tiroler Tageszeitung*, 25.2.2009
130 http://www.bzoe.at/index.php?content=bzoe_themen&detail=578
131 http://www.bzoe.at/download/wahlprogramm.pdf
132 http://www.parlament.gv.at/PG/DE/XX/J/J_01293/fname_118801.pdf
133 *Der Standard*, 1.10.1996
134 Italienische Fischer, zitiert in FAZ 12.10.2005
135 http://www.bmi.gv.at/wahlen/wahldownloads/volksbegehren/Text_VB_bleibfrei.pdf
136 „Text und Begründung" des Volksbegehrens, http://www.bmi.gv.at/wahlen/wahldownloads/volksbegehren/Text_VB_bleibfrei.pdf
137 Eurobarometer 53, Oktober 2000
138 *Der Standard*, 28.3.2009
139 http://gloria.tv/?media=8877
140 Die Aula, 1/1987, S. 6

141 Unfavorable Views of Jews and Muslims on the increase in Europe; The Pew Global Attitudes Project, September 2008, http://pewglobal.org/reports/display.php?ReportID=262

142 Zit. nach Welt.online, 4.7.2006; Vgl. dazu: Gross, Jan Tomasz (2001): Nachbarn. Der Mord an den Juden von Jedwabne; München: C.H.Beck oder Gross, Jan Tomasz (2006): Fear. Antisemitism in Poland After Auschwitz, New York: Random House

143 Unfavorable Views of Jews and Muslims on the increase in Europe; The Pew Global Attitudes Project, September 2008, http://pewglobal.org/reports/display.php?ReportID=262

144 Stop Discrimination Newsletter April 2009; http://www.stoppadiskriminering.info/fileadmin/pdfs/Newsletter_1/Newsletter-01-090401-DE.pdf

145 Österreich: Opfer oder Verdächtige? Eine Frage der Hautfarbe. Ein Bericht von Amnesty International, London 2009; S. 88–89